ACCESO GRATIS *a la Lectura en la Nube*

Para visualizar el libro electrónico en la nube de lectura envíe junto a su nombre y apellidos una fotografía del código de barras situado en la contraportada del libro y otra del ticket de compra a la dirección:

ebooktirant@tirant.com

En un máximo de 72 horas laborables le enviaremos el código de acceso con sus instrucciones.

La visualización del libro en **NUBE DE LECTURA** excluye los usos bibliotecarios y públicos que puedan poner el archivo electrónico a disposición de una comunidad de lectores. Se permite tan solo un uso individual y privado.

EL DELITO DE CORRUPCIÓN DE MENORES (189.1.a) DEL CÓDIGO PENAL

Cuestiones penales, procesales y criminológicas

EL DELITO DE CORRUPCIÓN DE MENORES (189.1.a) DEL CÓDIGO PENAL

Cuestiones penales, procesales y criminológicas

José Francisco Ortiz Navarro
Fiscal Jefe de la Fiscalía Provincial de Valencia

tirant lo blanch
Valencia, 2024

En caso de erratas y actualizaciones, la Editorial Tirant lo Blanch publicará la pertinente corrección en la página web www.tirant.com.

EDITA: TIRANT LO BLANCH
C/ Artes Gráficas, 14 - 46010 - Valencia
TELFS.: 96/361 00 48 - 50
FAX: 96/369 41 51
Email: tlb@tirant.com
www.tirant.com
Librería virtual: www.tirant.es
DEPÓSITO LEGAL: V-1255-2024
ISBN: 978-84-1056-742-9
MAQUETA: Innovatext

Si tiene alguna queja o sugerencia, envíenos un mail a: *atencioncliente@tirant.com*. En caso de no ser atendida su sugerencia, por favor, lea en *www.tirant.net/index.php/empresa/politicas-de-empresa* nuestro procedimiento de quejas.

Responsabilidad Social Corporativa: http://www.tirant.net/Docs/RSCTirant.pdf

A mis padres,
por su esfuerzo y dedicación

Índice

I. Introducción

Es indudable que el uso de Internet y de las nuevas tecnologías para la perpetración de delitos plantea nuevos problemas, tanto en el ámbito de la investigación como en el del enjuiciamiento. Problemas cuya resolución no se encontraba prevista de forma satisfactoria en la normativa penal y procesal. En la actualidad resultaría impensable que alguien, para cometer un delito de corrupción de menores, buscara en quioscos o locales de reventa, revistas, fotografías o cualquier otro tipo de material que contuviera pornografía infantil. Hoy Internet, incluyendo las redes sociales, es, casi con exclusividad, el ámbito espacial en el que se comete este tipo de delitos.

En este sentido, Morillas Fernández[1] circunscribe en la actualidad las vías de comisión de este delito en servicio WEB y bajo esta denominación se refiere este autor a "Internet", Correo Electrónico y Protocolo P2P.

Como se ha puesto de manifiesto en la práctica, los centros de producción de pornografía infantil se han ido desplazando hacia países donde no aparezcan expresamente tipificadas estas conductas o donde se encuentren penadas de forma más benévola, empleando medios para que resulte ineficaz o más complicada

---

1 Morillas Fernández, D.L., *Ciberacoso: la tutela penal de la intimidad, la integridad y la libertad sexual en Internet.* Pág. 184 y ss. Tirant Monografías. Valencia. 2010.

su persecución. La falta de colaboración en el ámbito internacional sigue siendo uno de los mayores problemas con los que los órganos judiciales se encuentran en la investigación de esta clase de delitos. Aunque se haya mejorado mucho en la cooperación penal a nivel internacional y en el ámbito de la Unión Europea, sigue siendo un obstáculo importante la persecución transnacional de los delitos, entre ellos, el que nos ocupa.

A nadie escapa que los avances en la cooperación internacional son una exigencia en la persecución de este delito. En muchas ocasiones la investigación se ve cercenada por la imposibilidad de obtener información de algún Estado que se niega a colaborar con la justicia española. Muchos son los progresos que se han producido en esta dirección, y muchos los que todavía quedan por desarrollar.

En primer lugar, nos gustaría hacer referencia a la ya lejana Instrucción de la Fiscalía General del Estado 3/2001, de 28 de junio, sobre mecanismos y modalidades de asistencia judicial en materia penal, en la que se hacía referencia a los modernos mecanismos y regulación de la asistencia judicial, más allá de la comisión rogatoria tradicional (que también se menciona).

En todo caso, cuando los haya y siempre que no hayan sido expresamente modificados por otras normas posteriores, siguen formando parte de la regulación fundamental en esta materia los tratados bilaterales de cooperación judicial en materia penal que muchas veces reciben este nombre, pero otras tienen el nombre de tratados de extradición, aunque contienen normas que, además de regular ésta, prevén la posibilidad de cooperación judicial más allá de la mera extradición.

En el seno del Consejo de Europa, pero con validez incluso fuera del continente europeo debido a la adhesión de terceros países, la regulación base en la materia es el Convenio Europeo de Asistencia Judicial en Materia Penal de 1959 (actualizado por los protocolos adicionales de 1978 y 2001).

Siguiendo a Fernando Cabedo[2] en el estudio de la normativa europea debemos señalar para la cooperación específica para delincuencia informática la normativa que estimamos más importante por extendida (firmada y ratificada por muchos países de todas las regiones del mundo): el Convenio del Consejo de Europa sobre la Ciberdelincuencia, firmado en Budapest el 23 de noviembre de 2001 y que resulta de especial interés para la obtención de pruebas en formato electrónico. Hay que recordar que, al haber sido ratificado por España y publicado en el Boletín Oficial del Estado, su normativa se aplica en nuestro país.

También es importante el Convenio europeo sobre transmisión de procedimientos en materia penal de 15 de mayo de 1972.

Y en este ámbito europeo, entre los diversos países que se han sumado al llamado Acervo Schengen (a partir del Acuerdo de Schengen de 14 de junio 1985 y del Convenio de aplicación del Acuerdo de Schengen de 19 de junio de 1990), o al menos aplican sus normas respecto al auxilio judicial, existe una norma-

---

2 CABEDO, F., AGUADO, S., ORTIZ, J.F., *Fraude Electrónico: Entidades Financieras y Usuarios de Banca,* Thomson Reuters, Pamplona, 2011.

tiva específica que implica una mayor facilidad para la asistencia judicial en materia penal.

A nivel de la Unión europea la normativa fundamental es el Convenio Europeo de Asistencia Judicial en Materia Penal de 29 de mayo de 2000, junto con su protocolo adicional de 16 de octubre de 2001. El Convenio se aplica en casi todos los países de la Unión Europea y además en Islandia y Noruega.

Sin duda alguna el Convenio sobre la Ciberdelincuencia, firmado en Budapest el 23 de noviembre de 2001 y ratificado por España el 1 de octubre de 2010, ha supuesto un gran avance en la materia, pero queda todavía mucho camino que recorrer.

Debemos hacer referencia, de igual modo, al Protocolo Adicional al Convenio sobre la Ciberdelincuencia relativo a la Penalización de Actos de Índole Racista y Xenófoba cometidos por medio de sistemas informáticos, elaborado en Estrasburgo el 28 de enero de 2003 y ratificado por España el 30 de enero de 2015.

En el concreto apartado de la pornografía infantil, debemos de referirnos como punto de partida a la Convención de los Derechos del Niño de 1989 que, en su artículo 34, obliga a los Estados parte a tomar las medidas necesarias en el ámbito interno e internacional para evitar "la explotación del niño en espectáculos o materiales pornográficos".

De igual modo conviene destacar el Tratado de Nueva York contra la explotación sexual del niño de 25 de mayo de 2000. En su artículo 3 establece que todos los Estados parte, incluirán en su legislación penal como delito la producción, distribución, divulgación, importación, exportación, oferta, venta o posesión de pornografía infantil.

En el año 1996 se celebró el I Congreso Mundial contra la Explotación Sexual Comercial Infantil, que tuvo lugar en Estocolmo; en él, ciento veintidós países se comprometieron a establecer una asociación global contra este fenómeno.

Desde su redacción en el Código Penal de 1995, el tipo penal cuyo estudio nos ocupa ha sido modificado en las sucesivas reformas de los años 1999, 2003, 2015 y 2021 que han llevado a cabo una ampliación de las conductas a sancionar, así como a un aumento de las penas para las conductas en él contenidas. Pese a lo cual, con los datos estadísticos, sin embargo, no se ha producido una reducción en el número de delitos.

Merece destacarse que tras la reforma operada por la L.O. 1/15 se da un nuevo giro a la redacción del art. 189 del Código Penal, sobre todo con la introducción de una definición de la pornografía infantil, dando cabida, junto a la que ya se venía considerando hasta ese momento, a lo que la doctrina ya denominaba pornografía virtual y "pseudopornografía".

Como con cierta ironía señaló el profesor Orts Berenguer[3] cuando se refería a la reforma operada por LO 1/15: "el lema del legislador y sus asesores merece ser "plus ultra", porque, por difícil que parezca, son muy capaces de superarse a sí mismos y conseguir que cada artículo sea más farragoso que el anterior".

En el ámbito procesal debemos hacer mención a la reforma operada por L.O. 13/2015 en la Ley de Enjuiciamiento Criminal por la que se actualizan y se

---

3 Orts Berenguer, E., *Comentarios a la Reforma del Código Penal de 2015,* Obra dirigida por González Cussac, Tirant Lo Blanch, 2015, pág. 649.

introducen nuevas medidas de investigación, muchas de ellas con un alto contenido telemático. Antes de esta reforma era conocido el dicho de que "combatíamos la delincuencia del siglo XXI con los medios del siglo XIX". Como en casi todos los ámbitos queda aún mucho por hacer, pero es innegable que esta reforma supuso un avance muy importante en lo relativo a los medios de investigación.

A lo largo de las páginas siguientes intentaremos, en la medida de lo posible, aclarar algunos conceptos y conductas, previniendo al lector desde este momento que el precepto utiliza muchos términos con acepciones diferentes y que, según el sentido que se recoja, puede suponer o no la punición de determinadas conductas. Como indicó el profesor Orts[4]: "las conductas tal como han resultado tipificadas son sumamente elásticas y cuando esto ocurre, sabido es, el principio de legalidad sale malparado".

El hecho de que una persona realice un dibujo en el que se represente a un menor de edad imaginado manteniendo relaciones sexuales con un adulto, ¿podría tener encaje en este precepto? Y quien dibuja los órganos sexuales de una persona con discapacidad necesitada de especial protección con un fin sexual, ¿puede ser autor de este delito?

---

4 Id. Pág. 650.

II. Antecedentes del art. 189.1 A) del Código Penal

El precepto objeto de estudio, conducta tipificada en el artículo 189.1 a) del Código Penal, no cuenta con un precedente histórico expreso ya que se trata de un nuevo delito en cuanto a su redacción, por lo que haremos una pequeña referencia a la punición histórica de la figura genérica de la corrupción de menores.

Siguiendo a Aguado[5] podemos considerar como antecedente del delito de corrupción de menores (no de forma específica respecto de las conductas que ahora se estudian) los artículos 536 a 542 del Código Penal de 1822 dentro de lo que se denominaba delitos contras las buenas costumbres. Interesante resultaba la conducta penada en los artículos 536 y 537:

> Art. 536: "Toda persona que contribuyere a la prostitución o corrupción de jóvenes de uno u otro sexo, menores de veinte años cumplidos, ya por medio de dádivas, ofrecimientos, consejos, engaños o seducción, ya proporcionándoles a sabiendas casa u otro auxilio para ello, sufrirá la misma pena expresada en la primera parte del artículo anterior. Los que incurrieren en el propio delito con respecto a niño o niña que no haya llegado a la pubertad, y los que para corromper a una persona la robaren, o emplearen alguna bebida, fuerza o ficción, serán castigados con arreglo al título primero de la segunda parte".

---

5 AGUADO, S., *El delito de corrupción de menores (art. 189.3 CP)*, Tirant lo Blanch, Valencia, 2003, pág.22 y ss.

"Si los que a sabiendas contribuyeren a la prostitución o corrupción de los jóvenes menores de veinte años, fuesen personas que habitualmente se ocupen en este criminal ejercicio, o sirvientes domésticos de las casas de los mismos jóvenes, de los establecimientos de enseñanza, caridad, corrección, beneficencia en que estos se hallaren, sufrirán la pena de tres a seis años de obras públicas. Esta pena será doble mayor, si a la prostitución o corrupción de los jóvenes se añadiese la circunstancia de extraerlos al intento de cualquiera de dichas casas en que se hallen". (Artículo 537).

Las conductas se referían a la prostitución de menores (en el apartado primero a menores de veinte años) agravando la pena cuando se tratase de menores que no hubiesen alcanzado la pubertad, se hubiese empleado fuerza o utilizado alguna bebida. El segundo precepto se refiere a la agravación por el sujeto activo que comete el delito, personas encargadas de su cuidado o empleados en los centros de acogida.

Mencionamos este precepto en tanto que de forma genérica podría englobar la conducta específica que es objeto de estudio. La corrupción de jóvenes sin duda englobaría la utilización de menores en espectáculos públicos o privados, así como la elaboración de material pornográfico en la que intervinieran menores de edad.

En el Código Penal de 1848, los delitos relativos a la prostitución y a la corrupción de menores pasaron al Título llamado "Delitos contra la honestidad". Se castigaba únicamente el favorecimiento de la prostitución o de la corrupción de menores de edad en su artículo 357:

"El que habitualmente o con abuso de autoridad o confianza promoviere o facilitare la prostitución o

> corrupción de menores de edad, para satisfacer los deseos de otro, será castigado con la pena de prisión correccional".

Puede observarse el cambio en la rúbrica del Título, delitos contra la honestidad frente a los delitos contra las buenas costumbres, lo que se supone un avance hacia concepciones más avanzadas del bien jurídico protegido.

Bajo la misma rúbrica lo recogía el art. 459 del Código Penal de 1870:

> "El que habitualmente o con abuso de autoridad o confianza, promoviere o facilitare la prostitución o corrupción de menores de edad para satisfacer los deseos de otro, será castigado con la pena de prisión correccional en sus grados mínimo y medio e inhabilitación temporal absoluta, si fuere Autoridad".

Como indica Cortezao de Vasconcelos[6] se modifica este Código en julio de 1904 y convierte en hechos punibles los actos de cooperación y protección de la prostitución de adultos por la influencia de la Federación Internacional contra la Trata de Blancas.

El Código Penal de 1928 dedicaba su Título X a los delitos contra la honestidad y en su artículo 609 castigaba:

> "1° El que habitualmente promueva, favorezca o facilite la prostitución o corrupción de persona mayor de diez y ocho y menor de veintitrés años. 2° El que para satisfacer los deseos de un tercero con propósitos deshonestos facilitare medios o ejerciera cual-

---

6 Cortezao de Vasconcelos, L.C., *Los delitos de prostitución y corrupción de menores. Especial consideración a la reforma del Código Penal de 2015*, Universidad de Valladolid, página 17.

> quier género de inducción en el ánimo de jóvenes de la edad mencionada, aun contando con su voluntad, y el que mediante promesas o pactos le indujere a dedicarse a la prostitución, tanto en territorio español como para conducirle con el mismo fin al extranjero. Se impondrá pena inmediatamente superior en grado a los culpables señalados en el artículo 615. 3° El que con el mismo objeto ayude o sostenga con cualquier motivo o pretexto la continuación de la corrupción o la estancia de los jóvenes antes mencionados en casas o lugares de vicio".

No hacemos mayor hincapié en el precepto puesto que se refiere a la conducta genérica de prostitución o corrupción de menor pero las conductas distan mucho de las que serán nuestro objeto de estudio.

En el Código Penal de 1932 el delito se contempló en el art. 440:

> "Incurrirán en la pena de prisión menor en sus grados mínimo y medio, inhabilitación absoluta para el que fuere Autoridad pública o Agente de ésta y multa de 500 a 5.000 pesetas:
>
> 1°. El que habitualmente promueva, favorezca o facilite la prostitución o corrupción de persona menor de veintitrés años,
>
> 2.° El que, para satisfacer los deseos de un tercero con propósitos deshonestos, facilitare medios o ejerciera cualquier género de inducción en el ánimo de menores de edad, aun contando con su voluntad, y el que mediante promesas o actos le indujere a dedicarse a la prostitución, tanto en territorio español como para conducirle con el mismo fin al Extranjero. Se impondrá pena inmediatamente superior en grado a los culpables señalados en el artículo 445".
>
> 3°. El que con el mismo objeto; ayude o sostenga con cualquier motivo o pretexto la —continuación de la corrupción o la estancia de menores en casas o lugares de vicio.

> A los delitos previstos en este artículo será aplicable, en su caso, lo dispuesto en el artículo 435.
>
> La persona bajo cuya potestad legal estuviere un menor, y que con noticia de la prostitución o corrupción de éste por su permanencia o asistencia frecuente a casas o lugares de vicio, no le recoja para impedir su continuación en tal estado y sitio, y no le ponga en su guarda o a disposición de la Autoridad, si careciere de medios para su custodia, incurrirá en las de arresto mayor e inhabilitación para el ejercicio de cargos (le tutela y perderá la patria potestad o la autoridad marital, si la tuviere, sobre el menor que diere ocasión a su responsabilidad".

El Código Penal de 1944 vuelve a codificar como delito el adulterio y el amancebamiento, y la eximente y atenuante por muerte o lesiones causadas por marido a adúlteros o padres a hijas y sus corruptores. Se recuperan las figuras de rapto. Se mantienen los tipos de corrupción de menores[7].

En su artículo 452 bis b) castigaba:

> "Incurrirán en las penas de prisión menor en sus grados medio y máximo, inhabilitación absoluta para el que fuere autoridad pública o agente de ésta y especial para el que no lo fuere y multa de 5.000 a 25.000 pesetas:
>
> 1°. El que promueva, favorezca o facilite la prostitución o corrupción de persona menor de veintitrés años.
>
> 2°. El que para satisfacer los deseos deshonestos de un tercero facilitare medios o ejerciere cualquier

---

7 De la Rosa Cortina, J.M., *Bien jurídico protegido y delitos contra la libertad e indemnidad sexual.* Artículo doctrinal escrito con motivo del proyecto de Ley Orgánica de 20 de septiembre de 2013.

> género de inducción en el ánimo de menores de veintitrés años, aun contando con su voluntad.
>
> 3º. El que mediante promesas o pactos, aun con apariencia de lícitos, indujere o diere lugar a la prostitución de menores de veintitrés años, tanto en territorio español como para conducirles con el mismo fin al extranjero.
>
> 4º. El que con cualquier motivo o pretexto ayude o sostenga la continuación en la corrupción o la estancia de menores de veintitrés años en casas o lugares de vicio".

Llama la atención que la edad a la que se otorga esa protección penal es para menores de veintitrés años, una edad elevada acorde con las circunstancias sociales y políticas de aquel momento.

La STS de 26 de octubre de 1979 con relación a este precepto señaló:

> "los hechos probados se refieren a una mujer que en un local que tenía arrendado bajo la apariencia de academia se dedicaba realmente a cobijar durante ciertas horas del día a otras dos o tres mujeres que, mediante el precio de 1.500 pesetas, de las que 500 las percibía la acusada, se entregaban sexualmente a los varones que las solicitaban yaciendo con ellos, contándose entre tales mujeres una joven de 17 años. En el recurso de casación interpuesto contra la sentencia condenatoria dictada por la Audiencia Provincial de Sevilla la recurrente alega por un lado que no consta acreditado que las mujeres que acudían al local fueran prostitutas; y por otro, que no está acreditado que ella supiera que una de ellas fuera menor de 23 años. El Tribunal Supremo desestima el recurso y señala: "no puede caber duda de que con tal conducta la recurrente venía cometiendo un delito de favorecimiento de la prostitución descrito en el párrafo primero del artículo 452 bis, b), del Código Penal.... al no haberse probado que desconociese la edad de la menor que allí concurría."

Otro caso mencionado por Fernández Olalla[8] es la STS de 9 de febrero de 1984 que analiza un supuesto semejante: la Audiencia Provincial de Tarragona había dictado sentencia condenatoria contra el procesado que regentaba un bar en el cual se ejercía la prostitución en unas habitaciones ubicadas en el piso superior. El 24 de noviembre de 1981 fueron sorprendidas en estas habitaciones por la policía dos mujeres de 17 y 18 años. Una de las alegaciones que se formula en el recurso de casación es precisamente el desconocimiento por parte de los autores de la edad de las mujeres, alegación frente a la cual el Tribunal Supremo señala: "alega el recurrente la falta de conocimiento de la minoría de edad de las camareras; alegación que debe ser desestimada por la razón dicha de que se trata de cuestión nueva y porque debió ser objeto de impugnación en motivo separado y por último, porque es elemental que quien contrata mujeres para favorecer su prostitución o corrupción se entere antes de la edad de las mismas, si no quiere correr el riesgo de que tal circunstancia se vuelva en su contra".

Llama la atención la presunción *contra reo* que recoge la resolución. El acusado debió cerciorarse de la edad de la persona que contrataba como afirma la sentencia "si no quiere correr el riesgo de que tal circunstancia se vuelva en su contra".

Tampoco el Código Penal de 1995, en su inicial redacción, reguló la corrupción de menores en el sentido de castigar la elaboración de material pornográfico en el que intervinieran menores de edad

---

8 Fernández Olalla, P., *Delitos relativos a la prostitución y su relación con la trata de seres humanos*. Fiscal adscrita al Fiscal de Sala de Extranjería. 2015.

o personas con discapacidad, pero sí la conducta de utilización de menores de edad o incapaces en espectáculos pornográficos.

El artículo 189 del Código Penal en un principio castigó:

> "1. El que utilizare a un menor de edad o a un incapaz con fines o en espectáculos exhibicionistas o pornográficos será castigado con la pena de prisión de uno a tres años.
>
> 2. El que tuviere bajo su potestad, tutela, guarda o acogimiento un menor de edad o incapaz y que, con noticia de la prostitución de éste, no haga lo posible para impedir su continuación en tal estado, o no acudiere a la autoridad para el mismo fin si carece de medios para su custodia, incurrirá en la pena de multa de tres a diez meses.
>
> 3. El Ministerio Fiscal promoverá las acciones pertinentes con objeto de privar de la patria potestad, tutela, guarda o acogimiento familiar, a la persona que incurra en alguna de las conductas mencionadas en el párrafo anterior".

Como señala De la Rosa[9]: "Pronto surgieron voces postulando modificaciones legislativas para colmar lo que tras la eclosión de Internet se transmutó en una clamorosa laguna. Así ya en 1996 el Grupo Parlamentario Popular presentó una Proposición de Ley del siguiente tenor: "el Congreso de los Diputados insta al Gobierno para que se presente, en el plazo más breve posible, un Proyecto de Ley Orgánica que modifique parcialmente el Título VIII del nuevo Código Penal en el sentido de que... se penalice al que por

---

9 DE LA ROSA CORTINA, M.: *Los delitos de pornografía infantil: aspectos penales, procesales y criminológicos*. Tirant lo Blanch. Valencia. 2011.

cualquier medio vendiere, difundiere, exhibiere o facilitare la difusión, venta o exhibición de materiales pornográficos, cuando en ellos aparezcan menores..." Aunque tal Proposición no fue aprobada, sí lo fue una transaccional propuesta por el Grupo Catalán, conforme a la que "el Congreso de los Diputados insta a presentar, en el plazo más breve posible, un Proyecto de Ley Orgánica en el que... se tipifique penalmente la conducta de quienes, por cualquier medio, vendieren, difundieren, exhibieren o facilitaren la difusión, venta o exhibición de materiales pornográficos, cuando en ellos aparezcan menores de edad". También una Recomendación del Defensor del Pueblo, dirigida al Ministerio de Justicia el 28 de noviembre de 1997 interesaba entre otras cuestiones la criminalización expresa de la venta y difusión de material pornográfico infantil".

Será la reforma operada por L.O. 11/1999, de 30 de abril, de modificación del Título VIII del Libro II del Código Penal, la que por primera vez introduzca en nuestro ordenamiento penal las conductas relativas a la producción, venta, exhibición por cualquier medio de material pornográfico en cuya elaboración hubiesen intervenido menores de edad o incapaces. Además, se penaliza la posesión de dicho material cuando tuviera por finalidad las conductas antes descritas. Es decir, con una finalidad específica, la posesión destinada a las conductas de producción, venta, distribución, exhibición o para la facilitación de dichas conductas.

> "189.1. Será castigado con la pena de prisión de uno a tres años:
>
> a) El que utilizare a menores de edad o a incapaces con fines o en espectáculos exhibicionistas o pornográficos, tanto públicos como privados,

> o para elaborar cualquier clase de material pornográfico, o financiare cualquiera de estas actividades.

Posteriormente la LO 15/2003, de 25 de noviembre, será la encargada de otorgar una nueva redacción al precepto que nos ocupa. Orts Berenguer y Roig Torres[10], anticipándose a esta reforma, habían señalado que "no sería de extrañar que en breve hubiera más modificaciones en consonancia con no pocas resoluciones de instancias internacionales que se han ido sucediendo desde, por citar una, la acción común adoptada por el Consejo de la Unión Europea de 29 de noviembre de 1996, renovada en diciembre de 2000, por la que los Estados miembros se comprometieron a revisar sus respectivas normativas nacionales y a tipificar penalmente la explotación sexual de menores en general, incluida la pornográfica, con particular mención al uso de internet".

Rafael Escobar[11] señaló que la reforma operada por la LO 15/2003, de 25 de noviembre, si bien no tuvo el extenso calado que alcanzó la primera, encerró relevantes innovaciones. El objetivo que el legislador se propuso alcanzar con la misma quedó plasmado en su Exposición de Motivos: "Respecto de los delitos relativos a la corrupción de menores, se ha abordado

---

10 ORTS BERENGUER, E. Y ROIG TORRES, M., *Delitos informáticos y delitos cometidos a través de la informática,* Tirant lo Blanch, Valencia, 2001, pág. 126 y 127.

11 ESCOBAR R., *Análisis de los delitos de pornografía infantil (Comentarios, Jurisprudencia y Reforma venidera).* Ponencia del Fiscal del Tribunal Supremo disponible en la siguiente página <https://www.fiscal.es/fiscal/PA_WebApp_SGNTJ_NFIS/descarga/Ponencia_Rafael%20Escobar%20Jimenez.

una importante reforma del delito de pornografía infantil, endureciendo las penas, mejorando la técnica en la descripción de las conductas e introduciendo tipos como la posesión para el propio uso del material pornográfico en el que se hayan utilizado menores o incapaces o los supuestos de la nominada pornografía infantil virtual".

Respecto de esta reforma el profesor Morillas[12] señaló que la primera crítica que debía realizarse al legislador era que la misma incumplía los criterios que la habían motivado; la modificación del precepto obedecía a una iniciativa europea tendente a aunar las legislaciones de los países miembros en materia de pornografía infantil pero, por contra la reforma no cumplió tal fin en tanto que la regulación comunitaria fue tardíamente modificada y tal cambio no se produjo en el precepto penal español.

Podríamos destacar como característica de la reforma que el precepto sanciona por vez primera la posesión para uso propio del material pornográfico en el que intervengan menores de edad o incapaces. Desaparece la finalidad que exigía el precepto en su redacción anterior. La simple posesión pasa a ser castigada en el Código Penal.

Debemos citar la posterior reforma operada en el Código Penal por L.O. 5/2010 que vuelve a modificar el artículo 189 en los siguientes términos: Se suprime el apartado 8 del artículo 189 y se modifican el primer párrafo y las letras a) y b) del apartado 1 y el primer

---

12 Morillas Fernández, D.L. *Ciberacoso: tutela penal de la intimidad*...Ob. cit. Pág. 191.

párrafo del apartado 3, que quedan redactados como sigue:

> «1. Será castigado con la pena de prisión de uno a cinco años:
>
> a) El que captare o utilizare a menores de edad o a incapaces con fines o en espectáculos exhibicionistas o pornográficos, tanto públicos como privados, o para elaborar cualquier clase de material pornográfico, cualquiera que sea su soporte, o financiare cualquiera de estas actividades o se lucrare con ellas.

Podríamos destacar tres aspectos de la reforma operada en el año 2010: incremento de las penas con las que se castigan las distintas conductas previstas en el precepto (de las penas que constaban de uno a cuatro años de prisión con las que se castigaba la conducta básica se incrementa a la de uno a cinco años de prisión y las conductas agravadas pasan de castigarse de cuatro a ocho años de prisión a las de cinco a nueve años de prisión); punición de las conductas cuando son realizadas por persona jurídica (art. 189 bis del Código Penal); y en virtud del artículo 192 del Código Penal, posibilidad de aplicar la libertad vigilada tras el cumplimiento de la pena privativa de libertad (art. 192.1) y posibilidad de privar al autor de la patria potestad (art. 192.3).

El incremento de las penas no parecía *a priori* el camino adecuado cuando el Tribunal Supremo se encontraba realizando en ese momento una interpretación restrictiva tanto de las conductas básicas como de las agravaciones del precepto precisamente por el alto grado de punibilidad con el que dichas conductas se encontraban castigadas.

Sirva como ejemplo el Acuerdo del Pleno no Jurisdiccional de la Sala Segunda del Tribunal Supremo de 27 de octubre de 2009 que tenía por finalidad fijar el alcance del art. 189.1.b) del Código Penal: "Una vez establecido el tipo objetivo del art. 189.1.b) del Código Penal, el subjetivo deberá ser considerado en cada caso, evitando incurrir en automatismos derivados del mero uso del programa informático empleado para descargar los archivos". Criterio seguido, entre otras muchas, por STS de 26 de diciembre de 2013.

Y también por la STS de 26 de mayo de 2014:

> "la laberíntica regulación actual de los delitos contra la libertad e indemnidad sexual en el Código Penal de 1995, que ha sufrido múltiples modificaciones desde la aprobación del mismo, todas ellas en el sentido de endurecer el tratamiento penal de estas conductas y de procurar contemplar toda agravación previsible, aconseja analizar con extremada atención la posibilidad, no remota, de incurrir en "bis in idem" sancionando doblemente un mismo comportamiento".

Y esta es la redacción que estuvo vigente hasta la reforma operada por la L.O. 1/2015, de 30 de marzo. En palabras de Sara Aguado[13] "esta reforma además de agravar las penas amplía notablemente las conductas típicas y adelanta la barrera de protección penal en aplicación de la Directiva 2011/93/UE, de 13 de diciembre de 2011, relativa a la lucha contra los abusos sexuales y la explotación sexual de los menores y la pornografía infantil".

Finalmente hay que señalar que la reforma realizada por LO 8/2021, de 4 de junio, no supuso cambio en la redacción del art. 189.1 a) del Código Penal en tan-

---

13 Aguado, S., *Derecho Penal, Parte Especial, Volumen I,* Obra dirigida por Javier Boix, Iustel, Madrid, 2016, pág. 438.

to que supuso la modificación únicamente de tres circunstancias de agravación específica del artículo 189.2 del Código Penal que no son objeto de este estudio.

III. *Cuestiones penales generales*

III.1. BIEN JURÍDICO PROTEGIDO

Para el profesor Orts Berenguer[14] el bien jurídico protegido en las conductas penadas en el artículo 189 y por ello también la del 189.1 a) es, con alguna excepción, el mismo que en los demás delitos del Título VIII cuando el sujeto pasivo es un menor o una persona con discapacidad necesitada de especial protección, con el añadido de la intimidad sobre la que éstos no tienen una plena disponibilidad. El bien jurídico tutelado sería un conglomerado de intereses: el bienestar psíquico de menores y personas con discapacidad, su derecho a obtener unos adecuados procesos de formación y socialización, sin interferencias interesadas.

Varios pueden ser, según la doctrina, los bienes jurídicos tutelados. En este apartado Morillas Fernández[15] realiza un estudio pormenorizado y exhaustivo que nos servirá de guía:

---

14 ORTS BERENGUER, E., *Abusos sexuales, exhibicionismo y corrupción de menores en el código penal y en el proyecto de 2013*, Ponencia impartida en un curso de formación a la Carrera Fiscal. Madrid.

15 MORILLAS FERNÁNDEZ, D.L., *Análisis dogmático y criminológico de los delitos de pornografía infantil*, Dykinson S.L., Madrid, 2005, pág. 147 y ss.

a) La libertad sexual

Para una gran parte de la doctrina el bien jurídico protegido en el delito de corrupción de menores sería la libertad sexual, el mismo que se asigna al resto de delitos comprendidos en el Título VIII. Autores como Conde-Pumpido[16], Díez Ripollés[17] o Morales Prats[18] habrían defendido esta teoría.

Díez Ripollés[19] señala que con su tutela no se aspira simplemente a garantizar a toda aquella persona que posea la capacidad de autodeterminación sexual su efectivo ejercicio, sino que el objetivo es más ambicioso ya que se quiere asegurar que los comportamientos sexuales en nuestra sociedad tengan siempre lugar en condiciones de libertad individual de los partícipes o, más brevemente, se interviene con la pretensión de que toda persona ejerza la actividad sexual en libertad. Ello explica que no haya obstáculo en hablar de que el derecho penal tutela también la libertad sexual de aquellos individuos que no están transitoriamente en condiciones de ejercerla, por la vía de interdecir los contactos sexuales con ellos. En suma, pasan a ser objeto de atención del derecho penal todas aquellas conductas que involucren a otras personas en acciones sexuales sin su voluntad.

---

16 CONDE-PUMPIDO TOURÓN, C., *Delitos de Prostitución. Especial referencia a la prostitución de menores,* Estudios de Derecho Judicial, Delitos contra la libertad sexual, Madrid, 2000.

17 DIEZ RIPOLLÉS, J.L., *El objeto de protección del nuevo Derecho Penal sexual,* Anuario de Derecho Penal, nº1999, 2000.

18 MORALES PRATS, F., Y GARCÍA ALBERO, R., *Delitos contra la libertad e indemnidad sexual,* en Quintero Olivares, Comentarios al Nuevo Código Penal, Navarra, 2004.

19 DÍEZ RIPOLLÉS, J.L., Obra cit.

Marchena[20] define la libertad sexual como "la libre disposición del propio cuerpo sin más limitaciones que las derivadas del respeto a la libertad ajena y la facultad de repeler las agresiones sexuales de otro, pudiéndose derivar la libertad sexual así descrita del derecho al libre desarrollo de la personalidad".

En la actualidad, con estos delitos, se protege el bien jurídico de la libertad, en su vertiente de autodeterminación sexual. Es decir, la capacidad de toda persona de decidir realizar o no determinadas conductas o mantener o negarse a mantener, relaciones sexuales concretas con otros.

Para los profesores Morales Prats y García Albero[21] el bien jurídico protegido en los delitos previstos en los arts. 178 a 194 del Código es ya claramente la libertad sexual, entendiendo con ello que estamos ante un objeto jurídico de protección que se inserta en la esfera de la libertad personal, y cuyo contenido esencial son las facultades de autodeterminación sexual actual o potencial. Esto significa, respecto a los adultos, que la orientación de los tipos penales se dirige a castigar conductas que obstaculicen la libre opción sexual, y respecto a los menores, que los tipos penales se orientan a la preservación de las condiciones básicas para que en el futuro puedan alcanzar un libre desarrollo de la personalidad en la esfera sexual.

En la jurisprudencia el contenido de la libertad sexual lo podemos encontrar, entre otras, en la STS de

---

20 MARCHENA GÓMEZ, M., *Los delitos contra la libertad sexual en la reforma del Código penal (Ley Orgánica 3/1989)*, Diario La Ley, 1990, pág. 1150, tomo 2, Editorial LA LEY.

21 Ob. cit.

10 de julio de 1991: "...la libertad sexual que se proyecta en todas las direcciones: en decidir qué actos de sexualidad quiere practicar la persona, cuando, cómo y con quién. Todo lo que es necesario acreditar, en cuanto a elemento normativo del tipo, es la ausencia de voluntad. Nada más".

La STS de 1 de julio de 2002 dispuso: "el castigo se produce por cuanto se coarta, limita o anula la libre decisión de una persona en relación con su actividad sexual".

b) Indemnidad sexual

Con este bien jurídico se quiere dar respuesta a la especial consideración que como sujeto pasivo tienen los menores o personas con discapacidad necesitadas de especial protección. Entraría en juego un factor tan importante como el derecho de los menores o personas con discapacidad al libre desarrollo de su sexualidad sin injerencia o intromisión por parte de los adultos.

Como señala Begué Lezaún[22]: "la libertad para decidir sobre la propia sexualidad ha de ser extensiva al desarrollo en libertad de la sexualidad que no es sino integrante del derecho fundamental del artículo 10 de la Carta Magna, esto es, al libre desarrollo de la personalidad".

Se puede definir la indemnidad sexual como "el derecho a no sufrir interferencias en el proceso de formación de la personalidad. Se trata, por tanto, de

---

22 BEGUÉ LEZAÚN, J.J., *Delitos contra la libertad e indemnidad sexuales,* Bosch, Barcelona, 1999, página 13.

asegurar una normal evolución y desarrollo de la personalidad del menor, permitiendo, así, que llegado el momento puedan decidir, entonces sí, con plena libertad sus opciones sexuales[23]".

Los profesores Cobo del Rosal y Quintanar Díez[24] distinguen entre indemnidad e intangibilidad sexual al afirmar que la primera "evoca una realidad más materializada del valor objeto de protección penal que, en la actualidad, debe suponer la plena libertad a un proceso formativo en la esfera sexual como parte del proceso más complejo de maduración de un individuo".

Como señala De la Rosa[25]: "La singularización de un bien jurídico específico cuando se trata de tipificar y aplicar el ordenamiento a las conductas sexuales que afecten a los menores de forma separada de la regulación propia para los adultos se justificaría por la mayor vulnerabilidad de los menores de edad para ser víctimas de comportamientos delictivos y las mayores dificultades que encuentran los niños para transmitir a los adultos sus problemas y sufrimientos, además de los daños que para la formación y evolución psíquica del menor genera esta clase de delito; igualmente porque el bien jurídico adquiere una dimensión especial, por lo que, además de proteger el derecho

---

23 RAMON RIBAS, E., "*Los delitos de abusos sexuales a menores*" Tirant Lo Blanch, 2009.

24 COBO DEL ROSAL, M., QUINTANAR DÍEZ, M., *De los delitos relativos a la prostitución y la corrupción de menores,* en Cobo del Rosal, Comentarios al Código Penal, Tomo VI, Madrid, 1999, pág. 692.

25 DE LA ROSA CORTINA, J.M., *Bien jurídico protegido y delitos contra la libertad e indemnidad sexual,* Ponencia disponible en la página fiscal.es

a no soportar de otro una coacción física o psíquica dirigida a la ejecución de actos de naturaleza sexual, se protege también una libertad futura, procurando salvaguardar la normal evolución y el desarrollo de la personalidad para que el menor, cuando sea adulto, pueda ser capaz de decidir en libertad su comportamiento sexual".

Aunque antigua, la STS de 26 de octubre de 1987 asume la intangibilidad sexual como el bien jurídico protegido: "entendida como la especial protección que la ley dispensa a individuos que, estando incapacitados para ejercer la libertad sexual por encontrarse en determinadas situaciones especiales, se hallan más desamparados que el resto de la comunidad".

La STS de 21 de marzo de 2002 establece como

> "se considera irrelevante el posible consentimiento de tales personas menores de edad, porque el legislador, al sancionar este tipo de conductas, pretende proteger penalmente a las personas que carecen de la madurez necesaria para decidir sobre la orientación de su vida sexual y, en definitiva, para usar de la libertad sexual, con la finalidad de hacer posible una decisión responsable al alcanzar la mayoría de edad y, con ella, normalmente la consiguiente madurez humana".

Por su parte la SAP Valladolid (Sección 2ª), de 30 de noviembre de 2002, en este sentido considera que

> "el bien jurídico protegido en el delito del art. 189 núm. 1 letra a) viene referido a la necesidad de preservar la indemnidad sexual de los sujetos pasivos, que por su condición de menores o incapaces, deben ser objeto de una especial protección por el Ordenamiento Jurídico, en cuanto y esencialmente los menores que nos ocupan, dada su edad, no tienen capacidad para orientar el ejercicio de su propia sexualidad. La apreciación que hace la so-

> ciedad acerca del adecuado ejercicio de la sexualidad, rechaza la realización de actos envilecedores o degradantes, y no puede consentir que se someta a unos niños de tan corta edad como son los fotografiados que nos ocupan, a actos respecto a los cuales no tienen capacidad para consentir..."

c) *La dignidad y el derecho a la propia imagen del menor*

Para Morales Prats[26]"lo que se comprueba, básicamente, por la irrelevancia del consentimiento de los menores de dieciocho años que deciden intervenir en la producción de dicho material incluso sin mediar abuso de superioridad o engaño, cuando su consentimiento se estimaría válido para la práctica de relaciones sexuales sin mediar tales circunstancias". Para este autor el art. 189.1 a) "no tutela prima facie la libertad sexual del menor (el art. 189.1 a) que será objeto del correspondiente concurso de delitos con los delitos de abuso sexual o agresión sexual, que se hubieren podido cometer sobre el menor que de manera efectiva y real es utilizado para la elaboración del material pornográfico, sino la dignidad del menor o su derecho a la propia imagen, conectado con la idea anglosajona de privacidad (derecho a no ser molestado o a la tranquilidad en la esfera privada, en la que el sujeto organizada de modo originario su libre desarrollo de la personalidad). Lo anterior pone en evidencia cómo el objeto jurídico de tutela en este precepto no puede ser la libertad o la indemnidad del menor en la esfera sexual, de modo que la modificación en la rúbrica del Título VIII del Código penal, operada con la Reforma

---

[26] MORALES PRATS, op. cit. págs. 175 a 205.

del Código penal 1999, en la que se ha añadido la referencia a la indemnidad sexual, no ha venido a ofrecer una referencia omnicompresiva de los bienes jurídicos tutelados en este contexto del Código penal".

d) *Moral sexual colectiva*

Entendiendo como tal "aquella parte del orden moral social que encauza dentro de unos límites las manifestaciones del instinto sexual de las personas"[27].

En esta línea, desde la doctrina alemana se ha afirmado "que aun siendo cierto que la mayoría de las normas penales responden a la necesidad de proteger un bien jurídico individualizable, ello no es obstáculo para que en una sociedad libremente organizada se castiguen conductas gravemente reprochables desde un punto de vista moral, aunque con ellas no se lesione un bien jurídico de un tercero o de la colectividad"[28].

e) *Pornografía técnica y virtual*

Hay que tener en cuenta además que la reforma operada por la L.O. 1/2015 ha ampliado de forma auténtica el concepto de pornografía infantil. Ahora de forma expresa queda incluida la pornografía virtual y la técnica, cuyos conceptos se analizarán en un apartado posterior, lo que nos lleva a preguntarnos si podemos entonces hablar de indemnidad sexual,

---

27 TAMARIT SUMALLA, J.M., *La protección penal del menor frente al abuso y la explotación sexual. Análisis de las reformas penales en materia de abusos sexuales, prostitución y corrupción de menores,* Navarra, 2002, pág. 114 y 115.

28 JESCHECK, *"La reforma del Derecho penal alemán. Fundamentos, métodos y resultados"*, ADPCP, 1972, pág. 635 y 636.

libertad sexual, intimidad, cuando los menores o personas con discapacidad necesitadas de especial protección no tienen existencia real.

La Circular 2/2015 de la Fiscalía General del Estado, al analizar esta cuestión, señala que en estas modalidades pornográficas se puede poner en peligro la indemnidad sexual y la dignidad de la infancia en su conjunto en la medida que la circulación de esta pornografía contribuye a la banalización y aceptación de la explotación sexual infantil, por lo que se protegería un bien jurídico supraindividual o colectivo, es decir "la dignidad e indemnidad sexual de la infancia en general". Puede observarse con facilidad la conexión de esta idea con el apartado anterior cuando hemos hablado de la moral sexual colectiva.

Como indica Aguado[29]: "este bien jurídico se pondrá en peligro en los casos en los que exista un riesgo de difusión del material. En caso contrario, es decir, si el riesgo de difusión del material está excluido (por ejemplo, en los casos de grabaciones para uso exclusivamente privado), no habrá peligro para el bien jurídico y la conducta carecerá de lesividad".

f) Otras concepciones

El profesor Mimbrera Torres[30] considera que el bien jurídico protegido es la libertad sexual "*in fieri*" de los menores de edad e incapaces comprometido a resultas de la fabricación del material.

---

29 AGUADO, S., *Ob. cit.*, pág. 443.

30 Mimbrera Torres, E., *Delitos contra la libertad e indemnidad sexuales,* en Cruz de Pablos, *Comentarios al Código Penal,* 2008, pág. 371.

La doctrina norteamericana encuentra el bien jurídico protegido en la necesidad de proteger a las víctimas menores, que aún en el caso de los supuestos de incriminación de la mera posesión, se ven revictimizadas por quien utiliza el material obtenido para su satisfacción sexual en violación de sus derechos.

Para De la Rosa[31] en las modalidades delictivas de la letra a) del apartado 1 del art. 189 (utilización de menores para la producción de pornografía), el bien jurídico protegido será la libertad sexual (si el sujeto pasivo es mayor de 13 años y no consiente) o la indemnidad sexual (si el sujeto pasivo es menor de 13 años y si siendo mayor, se presta voluntariamente a la elaboración del material pornográfico). También se protegería la propia imagen del menor afectado y la dignidad de la infancia en general. Por tanto, el bien jurídico principal para este autor sería la libertad o la indemnidad sexual de los concretos menores afectados.

Según la jurisprudencia de la Sala II "el bien jurídico protegido por este delito no es otro que el de la indemnidad sexual de los menores, es decir, su bienestar psíquico, en cuanto constituye una condición necesaria para su adecuado y normal proceso de formación sexual, que en estas personas es prevalente, sobre el de la libertad sexual, dado que por su edad o incapacidad, estas personas necesitan una adecuada protección por carecer de la madurez necesaria para decidir con responsabilidad sobre este tipo de comportamientos que pueden llegar a condicionar gravemente el resto de su vida, por lo cual es indiferente, a efectos jurídicos penales, que el menor o incapaz consientan en ser utiliza-

---

31 De la Rosa, *Bien jurídico protegido...*, Ob. cit.

dos para este tipo de conductas" (SSTS 796/2007, de 1 de octubre y 803/2010, de 30 de septiembre).

Por su parte la STS de 22 de junio de 2010 señaló:

> "Con carácter previo debemos realizar una importante precisión cual es que el delito del art. 189.1 a), en su modalidad de utilización de menores para elaborar cualquier clase de material pornográfico y el del art. 189.1 b) en su modalidad de producción, no tutelan *prima facie* la libertad sexual del menor, por lo que cuando la utilización de menores en la elaboración de material pornográfico se lleve a cabo a través de los medios típicos previstos en los delitos de agresión sexual (arts. 178 y ss.) y de abuso sexual (art. 181 y ss.), y concurran asimismo los actos sexuales exigidos en los mismos, se debería establecer el correspondiente concurso de delitos con aquellos delitos, sino que lo protegido es la seguridad del menor o su derecho a la propia imagen, conectado con la idea anglosajona de privacidad (derecho a no ser molestado o a la tranquilidad en la esfera pensada, en la que el sujeto organiza de modo originario su libre desarrollo de la personalidad). De ahí que parte de la doctrina considera que el bien jurídico protegido en el art. 189 del Código Penal no puede cifrarse en la libertad o indemnidad sexual del menor "lo que se comprueba, básicamente por la irrelevancia del consentimiento de los menores de 18 años que deciden intervenir en la producción de dicho material incluso sin mediar abuso de superioridad o engaño, cuando su consentimiento se estimaría valido para la práctica de relaciones sexuales, sin mediar tales circunstancias".

g) *Opinión personal*

A mi entender el art. 189.1 a) del Código Penal tendría como bien jurídico protegido principal la indemnidad sexual de los menores y personas con discapacidad necesitadas de especial protección. Hay que tener en cuenta que en la mayor parte de los procedimientos que se siguen ante los Tribunales por este delito nos encontramos con vídeos, archivos, fotografías en los que, en muchas ocasiones los menores son bebés o niños de 2, 3, 4 años por lo que no parece adecuado hablar de libertad sexual con relación a estos sujetos pasivos. Sin embargo, no comparte este criterio el legislador que en la reforma operada en el Código Penal por L.O. 10/2022, de 6 de octubre, y mantenida en la posterior L.O. 4/2023, de 27 de abril, intituló el Título VIII del Código Penal como "Delitos contra la libertad sexual", suprimiendo la anterior referencia a la indemnidad sexual.

Para ejercitar la libertad sexual, entiendo, hay que tener la capacidad intelectiva necesaria para discernir lo que es adecuado para un desarrollo normal de la sexualidad. Los ataques a menores como los antes referidos no pueden considerarse ataques a su libertad sexual, que como es lógico, todavía no la pueden ejercitar ni se encuentra formada. El ataque se produce a su formación sexual, a su desarrollo en unos parámetros de normalidad en los que no resulta tolerable la injerencia negativa de los adultos.

Por ello considero que la indemnidad sexual es el bien jurídico primordial protegido en este tipo delictivo.

Pero luego, según la conducta concreta tipificada, podría entrar en juego algún otro bien jurídico según la edad del sujeto pasivo. Hay que tener en cuenta que el menor puede tener hasta 17 años. A mi parecer, cuando el sujeto pasivo tenga 16 o 17 años el bien jurídico protegido sería la libertad sexual. A esta edad considero que la facultad decisoria del menor en este ámbito se encuentra con la suficiente madurez, pero su formación no se ha completado.

III.2. SUJETO ACTIVO

Al tratarse de un delito común puede ser sujeto activo cualquier persona y así lo determina la expresión "el que".

Debemos señalar, sin embargo, que porcentualmente existe una mayoría abrumadora de hombres frente a mujeres como sujeto activo del delito. Desde mi experiencia personal como miembro de la Sección de Delincuencia Informática en la Fiscalía Provincial de Valencia (desde el año 2007 hasta 2019) nunca formulé acusación contra una mujer como autora de este delito. Únicamente tengo conocimiento de un caso que hubo en Valencia en el que una mujer que había sido acusada por un delito de corrupción de menores se conformó reconociendo los hechos y exculpando a su hijo respecto del que existían serias dudas sobre su participación en los hechos. Esta cuestión será objeto de estudio en el apartado relativo a las cuestiones criminológicas.

Hay que tener en cuenta, sin embargo, que existen agravaciones si el sujeto activo perteneciere a una organización o asociación, incluso de carácter transitorio, que se dedicare a la realización de tales actividades (art. 189.2.f); o por su relación con la víctima cuando el sujeto activo sea ascendiente, tutor, curador, guardador, maestro o cualquier otra persona encargada, de hecho, aunque fuera provisionalmente, o de derecho, del menor o persona con discapacidad necesitada de especial protección, o se trate de cualquier otro miembro de su familia que conviva con él o de otra persona que haya actuado abusando de su posición reconocida de confianza o autoridad (art. 189.2.g).

a) Persona jurídica

Ningún inconveniente existe para que el sujeto activo sea una persona jurídica. Su regulación se encuentra en el artículo 189 ter del Código Penal.

> "Cuando de acuerdo con lo establecido en el artículo 31 bis una persona jurídica sea responsable de los delitos comprendidos en este Capítulo, se le impondrán las siguientes penas:
>
> a) Multa del triple al quíntuple del beneficio obtenido, si el delito cometido por la persona física tiene prevista una pena de prisión de más de cinco años.
>
> b) Multa del doble al cuádruple del beneficio obtenido, si el delito cometido por la persona física tiene prevista una pena de prisión de más de dos años no incluida en el anterior inciso.
>
> c) Multa del doble al triple del beneficio obtenido, en el resto de los casos.
>
> Atendidas las reglas establecidas en el artículo 66 bis, las autoridades judiciales podrán asimismo imponer las penas recogidas en las letras b) a g) del apartado 7 del artículo 33".

b) Sujeto activo menor de edad

Como es obvio puede cometer el delito un menor de edad. No hay ningún obstáculo para ello[32].

---

32 Noticia publicada en El Periódico de Aragón el 29 de enero de 2017: "Agentes de la Policía Nacional han detenido a un joven menor de edad como presunto autor de cinco delitos de corrupción de menores a otros tantos jóvenes de su entorno social a través de internet. El investigado había creado diversos perfiles en redes sociales a través de los que convencía a las víctimas, también menores de edad, para que le enviaran fotografías

Si es mayor de catorce años se aplicará la L.O. 5/2000, de 12 de enero, reguladora de la responsabilidad penal de los menores y si fuese menor de 14 años estará exento de responsabilidad criminal y solo sujeto a medidas de protección[33].

III.3. SUJETO PASIVO

El sujeto pasivo del delito es la persona menor de edad o la persona con discapacidad necesitada de especial protección.

Menor de edad es quien no ha cumplido los 18 años de edad. Como señala el artículo 315 del Código Civil: "La mayor edad empieza a los dieciocho años cumplidos. Para el cómputo de los años de la mayoría de edad se incluirá completo el día del nacimiento".

Como hemos señalado con anterioridad, existe una agravación específica cuando la conducta se rea-

---

y vídeos de carácter sexual con cuya difusión después les amenazaba".

33 Cuando el autor de los hechos mencionados en los artículos anteriores sea menor de catorce años, no se le exigirá responsabilidad con arreglo a la presente Ley, sino que se le aplicará lo dispuesto en las normas sobre protección de menores previstas en el Código Civil y demás disposiciones vigentes. El Ministerio Fiscal deberá remitir a la entidad pública de protección de menores testimonio de los particulares que considere precisos respecto al menor, a fin de valorar su situación, y dicha entidad habrá de promover las medidas de protección adecuadas a las circunstancias de aquél conforme a lo dispuesto en la Ley Orgánica 1/1996, de 15 de enero (art. 3 L.O. 5/2000 de 12 de enero).

liza sobre persona menor de 16 años (art. 189.2.a) del Código Penal).

La Convención del Consejo de Europa sobre el Cibercrimen (Budapest 23 de noviembre de 2001) establece, en primer lugar, que se entenderá por menor a toda persona menor de 18 años, si bien, se admite que las normas nacionales contemplen una edad inferior, que nunca podría bajar de los 16 años.

Por su parte el Código Penal ofrece una interpretación auténtica de los conceptos de discapacidad y persona con discapacidad necesitada de especial protección en su artículo 25: "A los efectos de este Código se entiende por discapacidad aquella situación en que se encuentra una persona con deficiencias físicas, mentales, intelectuales o sensoriales de carácter permanente que, al interactuar con diversas barreras, puedan limitar o impedir su participación plena y efectiva en la sociedad, en igualdad de condiciones con las demás. Asimismo, a los efectos de este Código, se entenderá por persona con discapacidad necesitada de especial protección a aquella persona con discapacidad que, tenga o no judicialmente modificada su capacidad de obrar, requiera de asistencia o apoyo para el ejercicio de su capacidad jurídica y para la toma de decisiones respecto de su persona, de sus derechos o intereses a causa de sus deficiencias intelectuales o mentales de carácter permanente".

Es importante resaltar que no es necesario que exista pronunciamiento judicial sobre la discapacidad de la persona afectada.

Por su parte la Ley de Enjuiciamiento Civil, tras la importante reforma operada por Ley 8/2021, de 2 de junio, regula en el Título I del Libro IV, dentro de los procesos especiales, los procesos sobre provisión de medidas judiciales de apoyo a las personas con discapacidad, filiación, matrimonio y menores. Y en concreto, en su Capítulo II, los procesos sobre provisión de medidas judiciales a las personas con discapacidad. En todo caso, como hemos anticipado, no es necesaria ninguna declaración de discapacidad para que la persona afectada pueda ser sujeto pasivo del delito.

Otra cuestión será el problema procesal que surgirá, en algunos casos, para la prueba de estos extremos: minoría de edad o discapacidad o persona discapacitada necesitada de especial protección.

a) La prueba sobre la minoría de edad

El problema con el que podemos encontrarnos es el de la prueba sobre la minoría de edad. No habrá problema, como es obvio, en los supuestos en los que el menor se encuentra identificado y por lo tanto filiado sino en los supuestos de menores anónimos, como ocurre en la mayoría de los casos de la pornografía que circula por Internet. En este, y en el resto de las conductas que se recogen en el artículo, nos encontraremos con el problema probatorio de la minoría de edad. El dolo del autor debe abarcar el conocimiento de que las personas "captadas" o "utilizadas" son menores de edad. Ningún problema plantea cuando se trate de niños con edades de 3, 4, 5 años o, menos aún, cuando se trate de bebés. Pero cuando la persona tenga 15, 16 o 17 años, o cuando sean personas que pueden parecer más jóvenes de lo que en realidad son se plantea un evidente problema probatorio.

En ocasiones se solicita que el Médico Forense informe sobre dicha cuestión, aunque, como es lógico, es el tribunal sentenciador el que debe realizar un juicio valorativo sobre dicho extremo. Incluso para los peritos resulta de una enorme dificultad la determinación de la edad en supuestos límites. Ningún problema existirá cuando junto a imágenes de personas con edad de difícil determinación concurran otras que no ofrezcan duda sobre ese extremo pues de esa manera se colmará la exigencia normativa. Tampoco cuando, por ejemplo, un perfil de "Facebook" en el que el menor o la menor ponga su verdadera edad. Cuando sólo haya imágenes de personas con edad indeterminada en la que no sea posible su determinación y existan serias dudas sobre su minoría de edad, lo más oportuno será el sobreseimiento de la causa en fase de instrucción o en la llamada fase intermedia.

Para la determinación de la edad la comunidad científica propone que en los casos en los que se dude de la edad del menor se realice al menos una exploración general y una entrevista, un examen radiológico del carpio y otro odontológico, y, si no hay resultados contundentes, se haga un estudio de la clavícula[34].

Por otra parte, como ha indicado el Tribunal Constitucional, es necesario el consentimiento informado del menor en tanto que si se realizan sin ese consentimiento, son nulas de pleno derecho.

A este respecto la STS de 21 de marzo de 2000:

> "este motivo se centra en la inexistencia de prueba de cargo sobre la edad de la niña A, así como en

---

34 Recomendaciones realizadas por los Institutos de Medicina Legal de España al Defensor del Pueblo en noviembre de 2010 con motivo de la identificación de inmigrantes llegados a España que pudieran ser menores de edad.

> la falta de motivación en el pronunciamiento de la Sala sentenciadora sobre este elemento del tipo penal". "No existió prueba pericial concluyente sobre la edad de la niña.... el médico forense que informó en el acto del juicio, a propuesta del Ministerio Fiscal, manifestó no estar capacitado para ello con la sola observación de la fotografía, incluso remitiendo la pericia sobre ese extremo a profesionales de otras especialidades...". "Sin embargo —se añade—, la Sala sentenciadora entiende, por la mera contemplación de una fotografía Polaroid que, "sin la menor duda", la niña A tiene menos de doce años...".
>
> Continua la Sentencia: "El Tribunal de instancia aborda esta cuestión poniendo de relieve que "la defensa del acusado no considera acreditado que la niña A tuviera menos de doce años al tiempo de los hechos, y dice que no se ha practicado prueba pericial concluyente al respecto. Sin embargo, aún admitiendo como hipótesis ese último aserto, los miembros de este tribunal, después de examinar la fotografía de las páginas NUM000 y NUM001 de la revista y su original (parte superior derecha del folio 411 de la causa) no tienen la menor duda de que la niña que allí aparece tenía notoriamente al tiempo de los hechos una edad de menos de doce años, dada su complexión y características físicas; y para llegar a esta conclusión entendemos que no se necesitan otros datos que los proporcionados por esa fotografía" (v. FJ 9º)".

En definitiva, lo que antes hemos señalado. Al final será la valoración del Tribunal la que determine o no la minoría de edad. Por eso reviste una especial relevancia contar con el material pornográfico en el acto de la vista con el fin de solicitar su exhibición o reproducción.

Por último, como es lógico, cualquier duda sobre la minoría de edad jugará en favor del acusado. Si este dato no queda probado, faltará un requisito de tipicidad.

b) El consentimiento del menor de edad

Para la concurrencia del artículo 189.1 a) del Código Penal es irrelevante el consentimiento del menor. A diferencia de otros delitos contra la libertad o indemnidad sexual en los que el consentimiento puede ser relevante para la existencia o no del delito, en esta figura penal es indiferente.

Debemos resaltar que el artículo 183 *bis* del Código Penal: "Salvo en los casos en que concurra alguna de las circunstancias previstas en el apartado segundo del artículo 178, el libre consentimiento del menor de dieciséis años excluirá la responsabilidad penal por los delitos previstos en este capítulo, cuando el autor sea una persona próxima al menor por edad y grado de desarrollo o madurez física y psicológica", se refiere al Capítulo II y no al Capítulo V que es en el que se regula el 189.1 a).

La referida cláusula, conocida en el derecho anglosajón, como *Romeo and Juliet exception,* por expresa referencia a la obra de Shakespeare en la que ambos enamorados eran adolescentes, tiene puntos de coincidencia con la recogida en otras legislaciones internacionales, aunque algunas —como sucede en gran parte de Estados Unidos— optan por establecer directamente una rebaja sustancial de la pena, en vez de una cláusula que exonere de la responsabilidad criminal.

En el derecho comparado se observan soluciones dispares. Por ejemplo, en el Estado norteamericano de Maine, para los casos de menores de edad comprendida entre los 14 y 15 años, se establece una franja de edad del autor de hasta 5 años mayor. Otros países contemplan franjas menores, como Suiza, que fija una diferencia de edad de 3 años. Interesante es el ejemplo de Canadá, que ofrece un modelo por tramos de edad: 2 años, en el caso de menores de edad comprendida entre 12 y 13; y 5 años, en el caso de menores con edades comprendidas entre 14 y 15 años.

De acuerdo con la Circular 1/2017, de 6 de junio, sobre la interpretación del art. 183 *quater* (hoy *bis* tras la redacción operada por L.O. 10/22), en lo que concierne al menor protegido, puede trazarse el siguiente esquema:

— Impúberes. En ellos aún no se ha producido el proceso de cambios físicos en el cual el cuerpo del niño o niña adquiere la capacidad de la reproducción sexual. No puede establecerse una edad fija para delimitar la infancia de la pubertad pues el inicio del proceso de cambios varía de una persona a otra, dependiendo de diversos factores, entre ellos el sexo. Se trata propiamente de niños y no de adolescentes y respecto de ellos su protección debe ser absoluta. La Ley marca, además, circunstancias de agravación en los casos en que el escaso desarrollo intelectual y físico de la víctima la coloca en situación de total indefensión (la presunción de la norma es *iuris et de iure* para los menores de 4 años, pero puede darse en edades superiores cuando las circunstancias comporten un plus de vulnerabilidad, vid. SSTS nº398/2015, de 17 de junio y 609/2012, de 11 de julio, entre otras).

— El segundo nivel de protección abarcaría desde el inicio de la pubertad hasta los 13 años inclusive, siempre que dicho proceso fisiológico haya comenzado antes de dicha edad. En esta franja, la protección del menor es intensa por encontrarse en la primera fase de la adolescencia. El límite de los 14 años es habitualmente empleado por nuestra legislación (así, para la exigencia de la responsabilidad penal de los menores en el art. 1 LORPM o para la capacidad de testar en el art. 663.1° CC). En relación con la edad del autor, el límite máximo respondería a la mayoría de edad, esto es, hasta cumplir los 18 años, por lo que —con carácter general— podría dar cobertura únicamente a las relaciones entre menores.

— 14 y 15 años, ambos inclusive. La protección debe permitir una diferencia de edad que abarque a los jóvenes hasta 20 años inclusive, moderándose en atención al segundo parámetro (grado de desarrollo o madurez).

Excepcionalmente podrían comprenderse los jóvenes de hasta 24 años inclusive, atendiendo al grado de desarrollo o madurez tanto del menor como del joven que mantienen el contacto sexual. Esta pauta debe entenderse de carácter orientador.

c) El error

Debemos traer a colación el artículo 14 del Código Penal:

> "1. El error invencible sobre un hecho constitutivo de la infracción penal excluye la responsabilidad criminal. Si el error, atendidas las circunstancias del hecho y las personales del autor, fuera vencible, la infracción será castigada, en su caso, como imprudente.
>
> 2. El error sobre un hecho que cualifique la infracción o sobre una circunstancia agravante, impedirá su apreciación.

> 3. El error invencible sobre la ilicitud del hecho constitutivo de la infracción penal excluye la responsabilidad criminal. Si el error fuera vencible, se aplicará la pena inferior en uno o dos grados".

Teniendo en cuenta, como punto de partida, que parece que dolo y error son conceptos contrapuestos, en el sentido que la presencia del error excluiría el dolo, tendrá trascendencia el concepto que de dolo se maneje. No es éste el lugar para llevar a cabo un estudio sobre el dolo, pero debe indicarse que supone el conocimiento de los elementos objetivos del delito, de todo su contenido, y el conocimiento de la puesta en peligro que ese actuar o no actuar tiene para el bien jurídico protegido. Obrar de forma dolosa es obrar con conciencia y voluntad.

Debe recordarse que el error de tipo "no ha de considerarse necesariamente como cierto por el solo hecho de su invocación" (SSTS 533/2010, de 25 de marzo y 145/2011, de 21 de febrero, entre otras). Se trata de una circunstancia excepcional que ha de quedar acreditada como el hecho enjuiciado. Su apreciación depende, en cada caso, de que los datos objetivos y materiales probados permitan inferir la existencia del error como conclusión razonable.

Respecto a la cuestión de si el error sobre la edad de la víctima debe incardinarse en el error de tipo o en el error de prohibición conviene tener en cuenta la doctrina expuesta por el Tribunal Supremo, entre otras, de 14 de julio de 2004, que interpreta los preceptos citados, señalando lo siguiente:

> "...la irrelevancia del posible consentimiento no constituye una circunstancia agravante del tipo del art. 181, 1, sino una circunstancia de una de las alternativas típicas contenidas en dicha disposi-

> ción. La menor edad de la víctima no es determinante de una agravación de la pena prevista en el art.181, 1 CP, sino que configura una circunstancia alternativa que excluye la relevancia del consentimiento de menores de trece años. Por lo tanto... la circunstancia de la menor edad de la víctima... es un elemento del tipo consistente en realizar actos de naturaleza sexual, que atenten contra la libertad sexual de una víctima menor de trece años .... y por tanto el error sobre la edad es relevante cuando la víctima menor de trece años haya expresamente consentido".

En idéntico sentido la STS de 14 de diciembre de 2007.

En lo que se refiere a las simples dudas, la STS 97/2015, de 24 de febrero, expresa:

> "Cuando el autor desconoce en detalle uno de los elementos del tipo, puede tener razones para dudar y además tiene a su alcance la opción entre desvelar su existencia o prescindir de la acción. La pasividad en este aspecto seguida de la ejecución de la acción no puede ser valorada como un error de tipo, sino como dolo eventual. Con su actuación pone de relieve que le es indiferente la concurrencia del elemento respecto del que ha dudado, en función de la ejecución de una acción que desea llevar a cabo. Actúa entonces con dolo eventual (SSTS 123/2001, 5 de febrero y 159/2005, 11 de febrero). Y el dolo eventual deviene tan reprochable como el dolo directo, pues ambas modalidades carecen de trascendencia diferencial a la hora de calibrar distintas responsabilidades criminales".

En la mayor parte de las ocasiones lo más normal será que se alegue un error vencible sobre un hecho constitutivo de la infracción penal. Y decimos vencible porque entendemos que siempre hubiese existido una forma de que el autor se hubiese cerciorado de la edad de la menor. Y si tenía dudas sobre ese extremo debió abstenerse de realizar conductas de índole sexual/pornográfica con ella. La sentencia que mencionaremos a continuación, sin embargo, considera el error como invencible. Pero es que, como señala la sentencia, el que el error se tilde de vencible producirá el mismo efecto penológico en tanto que la respuesta ante tal circunstancia será que la infracción se castigue de forma imprudente. Pero solo en el caso de que el delito de que se trate permita tal comisión. Y el precepto que nos ocupa no puede perpetrarse de forma imprudente.

La Sentencia la Sentencia de la Audiencia Provincial de Santander, de 5 de julio de 2012, con cita de otras, efectúa un análisis de esta cuestión:

> "...la menor G. tiene una apariencia física que excede de la que es propia de una niña de su edad tanto por su desarrollo físico como por su vestuario y actitudes personales. Ciertamente la Sala lo ha apreciado en el momento presente, dos años después de ocurridos los hechos; pero, que esta circunstancia era la misma en el año 2010 resulta indudable ya no sólo por lo mantenido por el procesado sino y, fundamentalmente de la declaración de Dña. M., educadora del Gobierno de Cantabria quien la conoció en esa época por haber ostentado durante una época dicha Entidad su tutela (resolución de fecha 4 de junio de 2010) y quien contundentemente ha señalado que en aquella fecha la niña tenía una apariencia similar a la actual aparentando ser mayor de la edad que tenía próxima a los trece años. Dicho esto, han de tenerse en cuenta cuales eran el contexto en el que se produjeron los hechos. El procesado, si bien mayor de edad aparentaba por sus circunstancias físicas una edad bien próxima a la de la propia menor. Si bien es cierto que, de la prueba practicada especialmente, de las propias manifestaciones de ambos consta que antes

del día de los hechos ellos ya habían mantenido un contacto previo; éste se desarrolló fundamentalmente a través de la red social Twenti y se circunscribió a contactos esporádicos sin que resulte que se tratara de una relación estable ni mucho menos aún profunda.

En cualquier caso y como es de general y común conocimiento la apertura de una cuota en dicha red social es exigente de una edad mínima de catorce años. Según ha manifestado la menor en el acto del juicio, ella en su perfil indicó que tenía 15 años, extremo que corroboró la también menor, amiga de aquella y usuaria de dicha red N. Ciertamente la posibilidad de falsear tales datos es evidente; pero que ello pueda ser así, no implica que quien entable contacto con otra persona a través de tales redes sociales deba necesariamente dudar de la veracidad de lo allí indicado; más aún en casos como el presente en el que es la propia menor quien, como ella reconoce, indica expresamente y personalmente y de palabra que su edad es la de dieciséis años. Si a esto se aúna que su apariencia física es compatible con esa edad e incluso con una edad superior y que sus circunstancias físicas no se compadecen con las de una niña de doce años, la conclusión de que el procesado desconocía por completo cual era su auténtica edad y que no sabía que no había cumplido aún los trece años es de todo punto evidente. Por otra parte, el conocimiento que tenía el procesado respecto de la situación personal de G. era limitado y muy relativo, circunscrito a escasos contactos en los que no tuvo conocimiento ninguno ni de las aficiones de la menor ni de curso escolar concreto al que iba y ni siquiera de sus circunstancias familiares. Así lo ha mantenido la propia menor corroborando de este modo lo dicho por el procesado. Así, pues, todos los indicios disponibles acreditan que el procesado desconocía la verdadera edad de la víctima, y concretamente que esta fuese menor de trece años. Desde luego, tal representación de la edad aparente como la verdadera es de todo punto lógica con base en las circunstancias mencionadas y expuestas. Aprecia la Sala, en conclusión que concurre el denominado error de tipo, entendiendo que lo es su modalidad de invencible dado que en el contexto y las circunstancias en las que se desenvolvió el contacto, teniendo también en cuenta que el encuentro se produjo alrededor de la media noche momento temporal en el que no es propio que una niña de doce años se encuentre en la calle, no había dato ninguno que pudiera alertar al procesado para que se cerciorara de la edad de la menor que sólo podía haber conocido con exactitud mediante su identificación con el DNI (que visto que tenía menos de 14 años ni siquiera tenía obligación de tenerlo) no pudiendo serle exigible que actuara en tal sentido.

En consecuencia, el error de tipo existente ha de calificarse como invencible, pero aún cuando se reputara que hubiera sido vencible por cuanto que el procesado hubiera actuado sin hacer todo lo posible para cerciorarse de la edad de la víctima y, por ende, desvanecer el error sobre un elemento del tipo; incluso en tal supuesto procedería la absolución. Y ello porque conforme al art. 14,1 en caso de que el error fuera vencible la infracción en su caso sería castigada como imprudente y en tal caso es aplicable la doctrina del Tribunal Supremo, según la cual en los casos en que un delito no se sancione expresamente con la forma imprudente, no cabe punición del error de tipo vencible, pues el art.12 del Código penal excluye la pena en estos casos. Dicho de otro modo, cuando la regulación de los delitos contra la libertad sexual no prevé la forma comisiva culposa como ocurre en este caso (STS del 26-3-1999), sólo cabe un pronunciamiento absolutorio dado que, y conforme lo dispuesto en tal sentencia "la concurrencia de un error de tipo vencible excluye la existencia de dolo y, por tanto, conduce a la sanción del hecho con la pena prevista para el delito imprudente. Sin embargo, en los casos en que un delito no se sanciona expresamente en forma imprudente —es decir, se sanciona sólo si se ha cometido con dolo— no cabe la punición del error de tipo vencible, pues la cláusula del artículo 12

> excluye cualquier pena en estos casos («numerus clausus»). En otras palabras: cuando un delito sólo se sanciona en forma dolosa, cualquier error de tipo —aun vencible— excluye la pena".

En el mismo sentido, aunque con consecuencias contrarias la muy reciente STS de 21 de marzo de 2019:

> "Por último, como ya se ha anticipado, la parte recurrente introduce dentro de este motivo, inapropiadamente y como un cuerpo extraño que nada tiene que ver con la infracción de ley, la queja referente a la existencia de error en el acusado acerca de la edad de los menores. El error habría sido determinado por el hecho de que la entidad Facebook prescribe para el uso de su red una edad mínima de 14 años, de modo que al crear un perfil se hace una declaración de disponer de esa edad con todas las consecuencias al respecto. A partir de esa premisa, viene a decirnos el acusado que tenía derecho a confiar en que las personas con las que contactaba no solo no eran menores de 13 años sino que eran mayores de 14, por lo que habría de acogerse la tesis del error como más favorable al impugnante. Sin embargo, tal extremo ha sido examinado, valorado y contrastado en la sentencia recurrida, donde se hace referencia a que en algunos casos los menores le decían específicamente al acusado cuál era su edad real, y en otros basta con visionar las fotografías que obran unidas a la causa para percibir que se trataba de menores de 13 años. Por lo cual, se está ante una cuestión fáctica que aparece analizada y fundamentada en la sentencia recurrida con arreglo a criterios que se hallan dentro de la lógica de lo razonable y de las máximas de la experiencia, sin que se aprecie en casación que el Tribunal sentenciador haya operado fuera de los márgenes propios de la apreciación de la prueba con arreglo a los principios de inmediación, oralidad y contradicción, y de la logicidad de los juicios de inferencia aplicables

> en supuestos similares. En consecuencia, se desestima en su integridad este tercer motivo del recurso".

Conviene resaltar lo que mencionamos con anterioridad, la inmediación y el principio de libre apreciación de la prueba hacen que, a juicio del tribunal, tras el visionado de las fotografías, considere que no existe duda sobre la minoría de edad (menores de 13 años) de las víctimas.

Más difícil aún resulta la prueba de la discapacidad o del alcance de la misma en aquellos casos en los que nos enfrentemos con imágenes, vídeos o archivos en tanto que no contaremos con la persona para poder acreditarla. De nuevo será la inmediación del Tribunal quien deberá fijar dicho extremo con base al principio de libre apreciación de la prueba (artículo 741 de la LECrim).

III.4. CULPABILIDAD

a) El dolo

Nos encontramos ante una figura penal que únicamente puede cometerse de forma dolosa. No se contempla su comisión imprudente.

Nuestro Código Penal opta por el sistema de *numerus clausus* en la tipificación de las conductas imprudentes (art. 12 del Código Penal) y en este tipo penal (art. 189 del Código Penal) no se prevé.

Por ello el delito precisa de todos los elementos que exige el dolo.

La STS de 15 de marzo de 2007, señala que "Como se argumenta en la Sentencia del Tribunal Supremo de 16 de junio de 2004 el dolo, según la definición más clásica, significa conocer y querer los elementos objetivos del tipo penal. En realidad, la voluntad de conseguir el resultado no es más que una manifestación de la modalidad más frecuente del dolo en el que el autor persigue la realización de un resultado, pero no impide que puedan ser tenidas por igualmente dolosas aquellas conductas en las que el autor quiere realizar la acción típica que lleva a la producción del resultado, o que realiza la acción típica, representándose la posibilidad de la producción del resultado. Lo relevante para afirmar la existencia del dolo penal es, en esta construcción clásica del dolo, la constancia de una voluntad dirigida a la realización de la acción típica, empleando medios capaces para su realización. Esa voluntad se concreta en la acreditación de la existencia de una decisión dirigida al conocimiento de la potencialidad de los medios para la producción del resultado y en la decisión de utilizarlos. Si, además, resulta acreditada la intención de conseguir el resultado, nos encontraremos ante la modalidad dolosa intencional en la que el autor persigue el resultado previsto en el tipo, en los delitos de resultado.

Pero ello no excluye un concepto normativo del dolo basado en el conocimiento de que la conducta que se realiza pone en concreto peligro el bien jurídico protegido, de manera que en esta segunda modalidad el dolo radica en el conocimiento del peligro concreto que la conducta desarrollada supone para el bien jurídico, en este caso, la vida, pues, en efecto, "para poder imputar un tipo de homicidio a título doloso basta con que una persona tenga información de que va a realizar lo suficiente para poder explicar un resultado de muerte y, por ende, que prevea el resultado como una consecuencia de ese riesgo. Es decir, que abarque intelectualmente el riesgo que permite identificar normativamente el posterior resultado. En el conocimiento del riesgo se encuentra implícito el conocimiento del resultado y desde luego la decisión del autor está vinculada a dicho resultado".

Siguiendo a Cuello Calón, podemos distinguir:

> "1. Elemento intelectivo, que comprende la representación o conocimiento del hecho. A su vez este autor entiende que ello supone: a) El conocimiento de los elementos objetivos del hecho delictivo (ha de tenerse en cuenta en este punto la regulación legal del error en el artículo 14.1 y 2 del Código Penal); b) El conocimiento de la significación antijurídica de la acción, es decir, que el sujeto se percate que está realizando algo que está prohibido. Por ello se ha venido considerando el dolo como "dolos malus" en la concepción tradicional (causalista), si bien la concepción finalista de la acción observa el dolo como "dolo natural", sin incluir en él la conciencia de la antijuridicidad. El artículo 14.3 del Código Penal contempla el error sobre la ilicitud del hecho constitutivo de la infracción; c) Conocimiento del resultado de la acción, sin que sea exigible la contemplación de todas y cada una de las consecuencias producidas con la misma.
>
> 2. Elemento volitivo, esto es, la voluntad de ejecutar la acción".

A los efectos de nuestro precepto penal, el autor deberá conocer los elementos objetivos del hecho delictivo, la significación antijurídica de la acción y el resultado de la acción (elemento intelectivo) y tener la voluntad de ejecutar la acción (elemento volitivo).

> "El que captare o utilizare a menores de edad o a personas con discapacidad necesitadas de especial protección con fines o en espectáculos exhibicionistas o pornográficos, tanto públicos como pri-

> vados, o para elaborar cualquier clase de material pornográfico, cualquiera que sea su soporte, o financiare cualquiera de estas actividades o se lucrare con ellas".

Es decir, el autor deberá captar o utilizar a menores de edad o a personas con discapacidad necesitadas de especial protección (teniendo conocimiento de que lo son) con fines o en espectáculos exhibicionistas o pornográficos, tanto públicos como privados (con la concurrencia de ese elemento "tendencial" y con conocimiento de que esos espectáculos son exhibicionistas o pornográficos) o financiare o se lucrare con esas actividades (con conocimiento del contenido de las mismas).

En este delito, sin embargo, los problemas surgirán en los supuestos fronterizos, los casos de dolo eventual o culpa consciente.

Tradicionalmente se ha distinguido entre *dolo directo* —de primer y de segundo grado— y *dolo eventual* para distinguir aquellos supuestos en los que el hecho típico es querido, en el sentido de perseguido como un fin *(dolo directo de primer grado)*, de aquellos otros en los que el hecho simplemente es aceptado como necesario y derivado del obrar del autor *(dolo directo de segundo grado)* y, por supuesto, de aquellos en los que el hecho típico se ha representado y conocido como probable, pero se ha querido dicha probabilidad de realización del hecho típico *(dolo eventual)*.

Cuando el conocimiento y la intención se dirigen al resultado, se dan por supuestos el conocimiento y la intencionalidad respecto del resto de elementos del tipo. Y si dicho resultado se persigue como un fin en sí mismo, nos hallamos en presencia del dolo directo del primer grado. En el dolo directo de segundo grado lo que sucede es que el autor no quiere directamente el resultado, sino que este se presenta como una consecuencia natural e inevitable de su acción, que es conocida y admitida por él.

La frontera entre el dolo eventual y la imprudencia grave en ocasiones se puede plantear como difusa o problemática, existiendo en la doctrina teorías que para diferenciar ambas formas de culpabilidad subrayan en mayor o menor medida el elemento intelectual y el elemento volitivo. La teoría del consentimiento comporta la exigencia de que el autor se represente la posibilidad del resultado y consienta o apruebe su producción, mientras que, para la teoría de la representación, para que exista dolo, el autor se debe representar el resultado con un alto grado de probabilidad.

El Tribunal Supremo en Auto de inadmisión de Recurso de Casación de 10 de octubre de 2003, haciendo un resumen de su doctrina sobre el tratamiento del dolo, y refiriéndose expresamente a la distinción dolo eventual/culpa consciente, señala:

> "En definitiva, el dolo eventual supone que el agente se representa un resultado dañoso, de posible y no necesaria originación y no directamente querido, a pesar de lo cual se acepta, también conscientemente, porque no se renuncia a la ejecución de los actos pensados. La misma imputación deviene, conocido el acto y sus consecuencias, con la voluntad de realizarlo y con la probabilidad del daño directamente no deseado. Por tanto, el dolo eventual exige la doble condición de que el sujeto conozca o se represente la existencia en su acción de un peligro serio e inmediato de que se produzca el resultado y que, además, se conforme con tal producción y decida ejecutar la acción asumiendo la eventualidad de que aquel resultado se produzca. Lo que significa que, en todo caso, es exigible en el autor la consciencia o conocimiento del riesgo

> elevado de producción del resultado que su acción contiene".

Este apartado guarda conexión con lo ya comentado sobre los problemas para la determinación de la edad de las víctimas de este delito. Ello conecta de forma directa con el hecho de que el acusado, en la mayor parte de los casos, alegará que no tenía conocimiento de que la persona con la que contactó era menor de edad. Y el dolo exigirá que acreditemos que el autor "sabía" que la persona era menor de edad y que actuó con pleno conocimiento y voluntad o, al menos, que se planteó esa posibilidad y no obstante persistió en su acción.

La diferencia entre el dolo eventual y la culpa consciente, si en el plano teórico plantea una gran dificultad, mucho mayor se planteará en el ámbito práctico. Que el autor se hubiese representado la posibilidad de que la persona fuese menor de edad pero que confiara en el fondo en que fuera mayor de edad. Y la cuestión no sería baladí, tendría una gran repercusión punitiva en tanto que no está prevista, como hemos analizado, la comisión imprudente de este delito.

La cuestión nos lleva a un problema de índole probatorio. Serán los indicios los que no lleven a uno u otro resultado.

Uno de los ámbitos de actuación de más relevancia en este delito es el de las redes sociales. En primer lugar, porque para formar parte de cada una de ellas requiere una edad mínima. Y, en segundo lugar, porque apenas existen medidas que impidan que un menor de la edad indicada se registre en cualquiera de ellas.

En España, el acceso a estas plataformas está regulado en el art. 13 del Real Decreto 1720/2007, de 21 de diciembre, por el que se aprueba el Reglamento de desarrollo de la Ley Orgánica 15/1999, de 13 de diciembre, de protección de datos de carácter personal, que establece que podrá procederse al tratamiento de los datos de los mayores de catorce años con su consentimiento, salvo en aquellos casos en los que la Ley exija para su prestación la asistencia de los titulares de la patria potestad o tutela. En el caso de los menores de catorce años se requerirá el consentimiento de los padres o tutores.

Por ello, no es legal el uso de estas redes sociales por menores de 14 años y está prohibido que se registren sin el consentimiento previo de sus tutores legales.

Con 13 años pueden estar presentes en:

— WeChat

— Twitter

— Tumblr

— Pinterest

— Reddit

— Snapchat

— WhatsApp

— Foursquare

En caso de permiso paterno, a partir de 13 años:

— YouTube

— Wechat

— FourSquare

— Flickr

Con 14 años:

— Instagram

— Facebook

Con 16 años: LinkedIn

Con 17 años: Vine

Con 18 años: Path

b) El ánimo libidinoso como elemento subjetivo del injusto

La STS de 26 de julio de 2018 determinó, en contra de lo que se había establecido en una jurisprudencia anterior, los dos elementos que debían concurrir en el delito de abuso sexual:

> "1°. Un elemento objetivo de contacto corporal, tocamiento impúdico o cualquier otra exteriorización o materialización con significación sexual. Este contacto podría ser ejecutado directamente por el sujeto activo sobre el cuerpo del sujeto pasivo (víctima), o puede ser ordenado por el primero para que el sujeto pasivo lo realice sobre su propio cuerpo siempre que el mismo sea impuesto. Además, se explica en la Sentencia que la acción puede ser momentánea (un roce), ya que no tiene por qué tener determinada duración en el tiempo o intensidad.
>
> 2°. Un elemento subjetivo o tendencial que se refiere al ánimo o propósito de obtener una satisfacción sexual a costa de otro".

Es decir, el Alto Tribunal parece exigir en esta sentencia para configurar el delito típico la concurrencia del elemento subjetivo que, desde antiguo, se conoce como ánimo libidinoso.

Lo que contradijo lo recogido por la STS de 14 de marzo de 2013:

> "el elemento subjetivo del abuso sexual se rellena con el dolo de atentar contra la libertad sexual, sin necesidad de que se concrete un ánimo lúbrico o libidinoso..." Bastaría que el sujeto conociera la transcendencia de su acción, esto es, el significado sexual de su conducta".

O en la STS de 22 de diciembre de 2014:

> "El tipo subjetivo de abuso sexual exige el conocimiento de la naturaleza sexual del acto que se ejecuta, lo que implica a su vez la conciencia de afectación del bien jurídico. Generalmente el ánimo libidinoso o propósito de obtener una satisfacción sexual concurrirá en la conducta del sujeto, pues es precisamente lo que la explica. Sin embargo, no puede descartarse la posibilidad de ejecución de actos que por su propia naturaleza o contenido son claramente atentatorios a la libertad o indemnidad sexual de la víctima, en los que, no obstante, el propósito del autor sea diferente al antes referido".

Por su parte la STS de 19 de diciembre de 2016 afirmó que

> "si los actos no se presentan inequívocos, es habitual, para acreditar su carácter sexual, atender al ánimo lascivo o libidinoso del autor. No se trata de que estemos ante un requisito subjetivo añadido al dolo, ello implicaría introducir elementos típicos ajenos al texto de la norma, basta el conocimiento de realizar acciones sexuales sobre otro sin su consentimiento o cuando el consentimiento es ineficaz; pero sucede que ese ánimo sirve para constatar la naturaleza sexual del comportamiento, ante la insuficiencia de las circunstancias objetivas del tocamiento perpetrado para explicar por sí solas su carácter sexual".

Y el cambio definitivo lo da en la posterior y reciente STS de 23 de julio de 2019 en la que fijó el siguiente criterio:

> "Tradicionalmente se ha requerido la concurrencia de un ánimo tendencial consistente en el llamado ánimo libidinoso o propósito de obtener una satisfacción sexual. Generalmente, tal ánimo concurrirá en la conducta del sujeto, pues es precisamente la que lo explica. Sin embargo, no puede descartarse la posibilidad de ejecución de actos que por su propia naturaleza o contenido son claramente atentatorios a la libertad o indemnidad sexual de la víctima, en los que, sin embargo, el propósito del autor sea diferente al antes referido. En estos casos, la conducta objetiva es suficiente para entender cumplidas las exigencias del tipo, pues sin duda se afecta a la libertad sexual de la víctima. Desde el aspecto subjetivo, para afirmar el dolo basta con el conocimiento del peligro creado con la acción, de manera que sea suficiente que el autor conozca que su conducta, por su propia naturaleza, puede afectar negativamente a la libertad o indemnidad sexual de la víctima (...)".

El siguiente supuesto de hecho es muy interesante y guarda conexión directa con el objeto de nuestro estudio. El acusado convivía con su familia en su domicilio, encontrándose entre los convivientes sus hermanos menores de edad. El acusado, al menos durante el primer semestre de 2014, aprovechando la circunstancia de que en ocasiones se quedaba a cargo de sus hermanos menores, los utilizó para realizarles diferentes fotografías de contenido sexual en las que se aprecia como el acusado tocaba los genitales de éstos, colocaba su pene en las nalgas de los menores y lo ponía pegado a la boca de éstos. El acusado, posteriormente, utilizaba las fotos que había hecho a sus hermanos para difundirlas a través de la red social TUENTI, pero además recibía material de contenido pornográfico de menores de otros sujetos no identificados, a quienes también les enviaba material pornográfico de menores. El intercambio de archivos el acusado lo realizaba utilizando una IP que correspondía a la vivienda donde el mismo residía con sus hermanos. En fecha 11.6.14 se llevó a cabo entrada y registro en el domicilio donde se ocuparon discos duros, que tras su oportuno análisis verificaron que contenía material pornográfico de menores.

El acusado adujo en el acto del plenario que en los actos que realizaba sobre sus hermanos no le movía ningún ánimo libidinoso sino únicamente el hecho de poder tener material pornográfico para así poder obtener nuevo material con su intercambio. El Tribunal Supremo reinterpreta la necesidad de este elemento e indica que para afirmar el dolo basta con el conocimiento del peligro creado con la acción, de manera que sea suficiente que el autor conozca que su conducta, por su propia naturaleza, puede afectar negativamente a la libertad o indemnidad sexual de la víctima. No es necesario, pues, que concurra este elemento tendencial, es suficiente con el hecho de que sea consciente que con su conducta afecta de forma negativa a la indemnidad sexual de los menores.

Acaba señalando el Alto Tribunal:

> "El delito de abuso sexual, por tanto, no exige la concurrencia de "ánimo libidinoso", que puede faltar cuando se comete un abuso sexual, por ejemplo, por odio o venganza o, como en este caso, cuando se realiza la acción por el deseo de integrarse en un grupo. Lo que se precisa en el plano subjetivo es que la actuación sea dolosa, lo que ocurre cuando el agente conoce la naturaleza sexual del acto que

voluntariamente ejecuta y es consciente de la afectación del bien jurídico".

III.5. CONCURSOS

En este apartado nos referiremos únicamente al supuesto del concurso entre cualesquiera delitos contra la libertad sexual y el que nos ocupa. En el apartado relativo al estudio de cada una de las conductas típicas se estudiará su específico problema concursal.

La captación o utilización de los menores con fines pornográficos irá acompañada, casi en todos los casos, de otros delitos contra la libertad sexual. Sobre todo, delito de agresión sexual. Teniendo en cuenta la edad de los menores, en el caso de que fuesen menores de dieciséis años, existirá siempre un delito comprendido en el capítulo II del Título VIII del Código Penal, de las agresiones sexuales a menores de dieciséis años.

Un supuesto muy interesante y novedoso es el uso de la intimidación a distancia a través del *ciberespacio*.

La reciente STS 447/2021, de 21 de mayo, acoge el recurso por infracción de ley interpuesto por el Ministerio Fiscal contra sentencia de la Audiencia Provincial que había absuelto al acusado de un delito de agresión sexual de los artículos 178 y 180.3 del código penal.

La Audiencia Provincial declaró como probados los hechos siguientes: que el acusado, fingiendo ser una menor, contactó con la víctima a través de la aplicación "WhatsApp", y después de mantener inicialmente conversaciones amigables, le mandó una fotografía de una menor desnuda, que la víctima creyó que se trataba de la menor con la que había trabado amistad a través de la red social "Tuenti", y le solicitó que ella hiciera lo mismo. Como la víctima se opuso a realizar esta acción, el acusado comenzó a "amedrentarla" diciendo que de no acceder a sus pretensiones la denunciaría tanto a ella como a sus padres. Al final el acusado, sabiendo que la víctima era menor de edad, consiguió que ésta le mandara diversas imágenes en las que aparecía desnuda, mostrando el pecho, con las piernas abiertas exhibiendo sus genitales, de espaldas mostrando los glúteos y dejando a la vista el inicio del conducto anal, y adoptando diferentes poses, así como un vídeo en el que aparecía desnuda la mitad inferior del cuerpo y masturbándose. El acusado solicitó que le enviase más archivos de similar contenido, amedrentándola, si no los enviaba, con meter a sus padres en la cárcel y hacer llegar a todos los contactos que ella tenía en la red "Tuenti" los archivos que ya había enviado a aquel. La menor llegó a enviar otro video similar antes de que sus padres descubrieran lo que estaba ocurriendo y lo denunciaran.

A juicio del Ministerio Fiscal los hechos que la Audiencia declaró probados eran subsumibles, junto al que nos ocupa, en el delito de agresión sexual al describir la sentencia el elemento intimidatorio de la agresión, siendo, además, indiferente que el ataque a la libertad sexual sea realizado por la propia víctima sobre su cuerpo o por la acción directa del victimario.

La sentencia hace una primera crítica del sector doctrinal que considera la "ciberviolencia" sexual menos intrusiva y aflictiva al no desarrollarse en escenarios físicos y no existir un contacto físico entre víctima y victimario, así como por ofrecer a la víctima la posibilidad de activar mecanismos eficaces de protección. Quienes así opinan consideran que extender la protección que estos tipos dispensan a las conductas de "ciberviolencia" sexual resultaría excesiva por desproporcionada.

La sentencia rechaza radicalmente esta objeción:

> "Los elementos diferenciales entre la ciberviolencia o la ciberintimidación respecto a la violencia o a la intimidación ejercida sobre la víctima en un escenario ofensivo de continuidad o proximidad física, no son suficientes para generar categorías normativas de intimidación distintas que impidan la subsunción de tales conductas en los tipos de agresión sexual. El escenario digital no altera los elementos esenciales de la conducta típica. Es más, la dimensión social de las TIC, y como desarrollaremos más adelante, al facilitar el intercambio de imágenes y vídeos de los actos de cosificación sexual, puede convertirse en un potentísimo instrumento de intimidación con un mayor impacto nocivo y duradero de lesión del bien jurídico. No debe perderse de vista que las TIC han aumentado los modos de accesibilidad a los niños y niñas por parte de personas que buscan, como único objetivo, su abuso y explotación sexual".

Como fundamento de esta conclusión la sentencia cita un estudio de 2018 elaborado por el Grupo de Trabajo del Consejo de Europa sobre el acoso "online" y otras formas de violencia en línea, en particular contra las mujeres y los niños; el informe elaborado en el año 2015 por la Comisión especializada de las Naciones Unidas sobre ciberviolencia contra mujeres y niñas; y la Declaración sobre la eliminación de la violencia contra la mujer, aprobada por la Asamblea General de las Naciones Unidas por Resolución 48/104 de 20 de diciembre de 1993.

Partiendo de estas premisas la Sala considera que la descripción fáctica y la especial significación de algunas expresiones dan la razón al Ministerio Fiscal cuando entiende que la sentencia de instancia no describe una situación de simple "*embaucamiento*" por engaño, sino que refleja, como se infiere de la expresión "*amedrentó*" que utiliza la sentencia recurrida, un escenario intimidatorio plagado de explícitas amenazas con divulgar a través de la red las imágenes obtenidas en estas condiciones y con denunciar a sus padres.

A continuación, la Sala enumera y analiza el alcance que debe tener la intimidación como medio eficaz y causal para obligar a la víctima a plegarse a la voluntad cosificadora del autor.

Así, en primer lugar, al parificar el legislador la violencia con la intimidación en la agresión sexual, la intimidación debe nutrirse de fórmulas expresivas que tengan la misma fuerza conminatoria que la violencia. En este sentido considera razonable la aproximación de la intimidación con la conminación de producir un mal grave y relevante a la persona destinataria o sus próximos en consonancia con la amenaza grave.

En segundo lugar, sin minimizar las circunstancias subjetivas de la víctima, ha de acudirse a patrones objetivos para medir la idoneidad conminatoria de la intimidación, de forma que en circunstancias similares pueda producir las mismas consecuencias.

En tercer lugar, la relación de causa a efecto entre el mal conminado y los efectos buscados por el agente, de forma que, en principio, se excluirían del concepto aquellas intimaciones con males que no dependan de la voluntad del autor.

Partiendo de dichos indicadores la Sala entra a valorar la idoneidad de la conducta desplegada por el acusado en el caso enjuiciado para provocar el efecto buscado y abarcado directamente por el plan trazado. En este aspecto la sentencia enfatiza los efectos nocivos que puede producir para una mujer menor de edad la divulgación por redes sociales las imágenes de contenido sexual obtenidas. Además de implicar una intensa lesión de su derecho a la intimidad, incide de forma muy negativa sobre sus relaciones personales y su propia autopercepción, perdiendo, de manera irreversible, el control de su vida privada frente a centenares o miles de personas. En definitiva, la divulgación por las redes sociales a las que fue sometida la víctima puede producir, concluye la sentencia, efectos extremadamente perjudiciales sobre muchos de los planos vitales de la víctima, "*lo que ha venido a denominarse como un escenario digital de polivictimización*".

Para la Sala, la llamada "*sextorsión*", constituye una de las formas más graves de ciberviolencia intimidatoria, y, en consecuencia, la conducta desplegada por el acusado produce causalmente como efecto las acciones de contenido sexual desplegadas por la menor sobre su propio cuerpo, y disipa cualquier atisbo de interacción voluntaria.

Finalmente, destaca la Sala dos puntos importantes. En primer lugar,

> *"el hecho de que fuera la propia niña, bajo intimidación, quien realizara los tocamientos con contenido sexual explícito sobre sus partes íntimas —y como de forma reiterada hemos afirmado, vid. SSTS 1397/2009, 301/2016, 450/2018, 159/2019, no afecta a la idoneidad de la acción para lesionar el bien jurídico protegido: la libertad de autodeterminación personal proyectada sobre el derecho de toda persona a decidir cuándo, cómo, con quién y a quién mostrar su cuerpo o manifestar su sexualidad o sus deseos sexuales".*

> Y, en segundo lugar, insiste en que lo que el tipo penal prohíbe "*es que mediante violencia o intimidación se atente contra la libertad sexual de la víctima, lo que incluye, por tanto, en su contorno descriptivo la agresión a distancia, también la on line*".

III.6. CONCEPTO DE PORNOGRAFÍA Y DE PORNOGRAFÍA INFANTIL

a) Concepto de pornografía

La Jurisprudencia ha señalado de forma reiterada que sólo puede considerarse pornográfica una obra cuando en una consideración conjunta o global, la pornografía se encuentra presente en todas sus páginas con una ausencia absoluta de valores literarios, artísticos o de información seria o responsable (STS de 22 de marzo de 1983 o 1 de octubre de 2007).

Esta definición ha sido seguida por la Jurisprudencia en múltiples resoluciones otorgando una delimitación negativa al concepto de pornografía: ausencia absoluta de valores literarios, artísticos o de información seria o responsable.

Ya la STC 62/82, de 15 de octubre, señaló que la pornografía no constituye para el ordenamiento jurídico vigente, siempre y en todos los casos, un ataque contra la moral pública en cuanto mínimum ético acogido por el Derecho, sino que la vulneración de ese mínimum exige valorar las circunstancias concurrentes y, entre ellas, muy especialmente tratándose de publicaciones, la forma de la publicidad y de la distribución, los destinatarios —menores o no— e incluso si las fotografías calificadas contrarias a la moral son o no de menores, y el texto en la parte que se califique así trata de actuaciones o no de menores, pues no cabe duda que cuando los destinatarios son menores —aunque no lo sean exclusivamente— y cuando éstos son sujeto pasivo y objeto de las fotografías y texto, el ataque a la moral pública, y por supuesto a la debida protección a la juventud y a la infancia, cobra una intensidad superior.

En este sentido la protección que el artículo 186 del Código Penal otorga a los menores de edad y personas con discapacidad necesitadas de especial protección frente a los mayores de edad. Castiga el precepto a "El que, por cualquier medio directo, vendiere, difundiere o exhibiere material pornográfico entre menores de edad o personas con discapacidad necesitadas de especial protección, será castigado con la pena de prisión de seis meses a un año o multa de 12 a 24 meses".

Para la distinción entre pornografía y lo meramente erótico, partiendo de las definiciones del Diccionario de la Real Academia Española, pornografía es la "obra literaria o artística de carácter obsceno, es decir impúdico, torpe, ofensivo al pudor", y erotismo es "carácter de lo que excita al amor sensual".

La STS 1058/2006, de 2 de noviembre, señaló:

> "ya declaramos que tal distinción es un problema complejo por cuanto depende de múltiples factores de tipo cultural, carencia de tipo moral, pautas de comportamiento sexual".

Por su parte la STS de 3 de abril de 2012 explicó:

> "Ley penal no nos ofrece una definición de lo que considera pornografía, refiriéndose a ella en los artículos 186 y 189 del Código Penal. Tampoco nuestro ordenamiento jurídico realiza definición alguna

en aquellos aspectos que dispensa una protección, fundamentalmente administrativa, ni tampoco los convenios internacionales sobre la materia. Igualmente, la jurisprudencia ha sido reacia a descripciones semánticas sobre esta cuestión, sin duda por entender que el concepto de pornografía está en función de las costumbres y pensamiento social, distinto en cada época, cambiante, y conectado con los usos sociales de cada momento histórico. La Sentencia de esta Sala de 5 de febrero de 1991, llegó a enfatizar que se trataba en suma de material capaz de perturbar, en los aspectos sexuales, el normal curso de la personalidad en formación de los menores o adolescentes. Parece conforme con esta interpretación que la pornografía es aquello que desborda los límites de lo ético, de lo erótico y de lo estético, con finalidad de provocación sexual, constituyendo por tanto imágenes obscenas o situaciones impúdicas, todo ello sin perjuicio de que, en esta materia, como ya se apuntó, las normas deben ser interpretadas de acuerdo con la realidad social, como impone el art. 3.1 del Código Civil. Por tanto, el concepto de material pornográfico sería el resultado de la combinación de dos criterios: el contenido exclusivamente libidinoso del producto tendente a la excitación sexual de forma grosera y la carencia de valor literario, artístico o educativo".

b) El concepto de pornografía en Estados Unidos

Añadimos este apartado puesto que son muchos y variados los estudios que sobre el concepto y contenido de la pornografía se han realizado en Estados Unidos. Muchas concepciones americanas han sido trasladadas a las legislaciones europeas.

Como punto de partida podríamos citar el caso *Miller v. California,* en el que el Tribunal se pronuncia sobre la legalidad de la producción, distribución y comercialización de material pornográfico con exhibición expresa de los órganos sexuales. Lo trascendente es que la Corte Suprema señaló el método para decidir cuándo algo puede ser considerado "obsceno" y, por ende, si se trata de un objeto susceptible de ser prohibido y criminalizado por los Estados, con razón de no encontrar amparo en la libertad de expresión contenida en la primera enmienda de la Constitución. En virtud de lo anterior, la Corte dice que la prueba de "lo obsceno" no depende de lo que puedan considerar las autoridades de los Estados, sino de lo que entienda una persona media (lo que nos recuerda al prudente padre de familia al que se refería nuestro Código Civil), aplicando un estándar según el cual es necesaria la acreditación en el juicio de la valoración de lo que la comunidad contemporánea considera como tal; la Corte apela a un interés lascivo, a si la obra representa o describe, en una forma ofensiva una *conducta sexual explícita,* y también si el trabajo o material, en su conjunto, *carece de sentido literario, artístico, político o de valor científico.* Como hemos visto con anterioridad, elementos que ha recogido nuestro Alto Tribunal para su definición.

Respecto de la posesión de pornografía infantil, como señala Oxman[35], rige hasta hoy el criterio dado por la misma Corte en la decisión del caso *Stanley v. Georgia,* donde se pronunció señalando que la tenencia privada de material lascivo dentro del hogar, no puede ser considerado algo lesivo, por no lesionar interés alguno, es decir, no es algo "obsceno", puesto

---

[35] Oxman, N. Aspectos político-criminales y criminológicos de la criminalización de la posesión de pornografía infantil en Estados Unidos de Norteamérica. Polít. crim. vol.6 no.12. Santiago. 2011.

que no afecta los sentimientos de la comunidad y, por ende, tampoco es susceptible de ser criminalizado como un delito, ya que ella –la posesión de material pornográfico dentro de la esfera privada— queda amparada por la extensión de la protección que dispensa el derecho a la libertad individual contenido en la primera enmienda de la Constitución; por consiguiente, tales comportamientos si son desarrollados en una dimensión privada quedan sujetos a los designios de la autorresponsabilidad en el ejercicio de la libertad e intimidad individuales.

En palabras del Juez Marshall: "If the First Amendment means anything, it means that a State has no business telling a man, sitting alone in his own house, what books he may read or what films he may watch. Our whole constitutional heritage rebels at the thought of giving government the power to control men's minds".[36]

c) *Pornografía infantil*

Como señala el profesor Morales Prats[37], la definición de pornografía infantil es compleja, por cuanto depende de múltiples factores de tipo cultural, de

---

36 "Si la Primera Enmienda significa algo, significa que un Estado no tiene interés en decirle a un hombre, cuando está solo en su casa, qué libros puede leer o qué películas puede ver. Nuestra herencia constitucional se rebela contra el pensamiento de otorgar a un gobierno el poder para controlar la mente de los hombres".

37 MORALES PRATS, F., *Pornografía infantil e internet,* Jornadas de responsabilidad civil y penal de los prestadores de servicios en Internet, Barcelona 22-23 noviembre de 2001.

creencias de tipo moral, de pautas de comportamiento sexual, así como de las ideas religiosas imperantes en cada comunidad.

Lo primero que se observa con la reforma realizada por la LO 1/2015 es la sustitución del término "material pornográfico" por "pornografía infantil", con el fin de superar la problemática que existía sobre la delimitación del soporte que contenía el "material pornográfico".

Antes de la reforma de 2015 acudíamos al Protocolo Facultativo de la Convención sobre los Derechos del Niño de Nueva York el 25 de mayo de 2000, que en su artículo 2 c) ofrecía la siguiente definición: "Por pornografía infantil se entiende toda representación, por cualquier medio, de un niño dedicado a actividades sexuales explícitas, reales o simuladas, o toda representación de las partes genitales de un niño con fines primordialmente sexuales".

La Decisión Marco 2004/68/JAI del Consejo de la Unión Europea, de 22 de diciembre de 2003, relativa a la lucha contra la explotación sexual de los niños y la pornografía infantil, la define en su art. 1, apartado b) como: "cualquier material pornográfico que describa o represente de manera visual: i) a un niño real practicando o participando en una conducta sexualmente explícita, incluida la exhibición lasciva de los genitales o de la zona púbica de un niño, o, ii) a una persona real que parezca ser un niño practicando o participando en la conducta mencionada en el inciso i), o iii) imágenes realistas de un niño inexistente practicando o participando en la conducta mencionada en el inciso i)".

La Convención del Consejo de Europa sobre el Cibercrimen (Budapest 23 de noviembre de 2001) considera pornografía infantil, todo material pornográfico que contenga la representación visual de:

a. un menor comportándose de una forma sexualmente explícita;

b. una persona que parezca un menor comportándose de una forma sexualmente explícita;

c. imágenes realistas que representen a un menor comportándose de una forma sexualmente explícita.

Interesante resulta la distinción, cuyo estudio realiza Aguado[38], entre los conceptos de prostitución y de corrupción. Para esta autora, como para la mayor parte de la doctrina, prostitución es "la entrega sexual a cambio de precio, con cierta habitualidad y promiscuidad". Por su parte la corrupción sería "la realización de uno o varios actos de naturaleza sexual con un menor de edad (corrompido o no) que le causen un perjuicio en su desarrollo sexual. La corrupción es un término más amplio que el de prostitución. Corrupción es cualquier acto de naturaleza sexual (suponga o no prostitución) que perjudica a un menor en su desarrollo sexual".

Por su parte, el Código Penal, tras la reforma operada por LO 1/15, de 30 de marzo, define la pornografía infantil en su artículo 189.

Indica el precepto: "*A los efectos de este Título se considera pornografía infantil o en cuya elaboración hayan sido utilizadas personas con discapacidad necesitadas de especial protección:*

---

38 AGUADO, S. *Ob. cit.* pág. 14 y ss.

a) Todo material que represente de manera visual a un menor o una persona con discapacidad necesitada de especial protección participando en una conducta sexualmente explícita, real o simulada.

La primera definición se refiere a un menor o persona con discapacidad necesitada de especial protección participando en una conducta sexualmente explícita, real o simulada.

Antes de la reforma operada por la LO 1/15, que ha incorporado la definición de pornografía infantil, este concepto venía anudado, aún de forma remota, a la posibilidad de que el menor o persona con discapacidad sufriera algún tipo de daño, físico, psicológico o moral. En este sentido, la STS de 5 de febrero de 1991 dispuso: "material capaz de perturbar, en los aspectos sexuales, el normal curso de la personalidad en formación de los menores o adolescentes o discapacitados".

En la actual definición nada de esto es exigible. Es posible que la escena sea una recreación (simulación) en la que el menor desnudo simula una relación o práctica sexual que en realidad no tiene lugar. Pero ese menor participa en una conducta sexualmente explícita por lo que la conducta estaría recogida en el precepto penal.

¿Qué debemos entender por "participar"?

El diccionario de la Real Academia Española define participar como: "Dicho de una persona: tomar parte en algo". Y lo decimos porque resulta necesario perfilar bien este concepto para delimitar la tipicidad de la figura penal.

¿Participa el menor que observa una relación sexual de adultos en la que no interviene? Si el menor se encontrase desnudo entendemos que sí en tanto que podría considerarse como un aliciente o incentivo sexual para las personas mayores de edad contar con un "voyeur" menor de edad. En el caso de que se encontrara vestido y únicamente observara la escena a cierta distancia entiendo que el menor o la persona con discapacidad no estaría "participando" en la conducta sexual.

Y participar parece requerir la presencia de alguna persona aparte del menor. En el sentido gramatical el verbo indica que se "participa" en una actividad en la que otras personas se encuentran actuando ¿qué ocurre entonces si el menor se encuentra solo, aunque sea desarrollando una conducta sexual como la masturbación?

En opinión de Gómez Tomillo[39] podrían quedarse fuera determinadas hipótesis como, por ejemplo, aquellas en las que aparece el sujeto pasivo en actitud inequívocamente sexual (por ejemplo, en una masturbación), sólo, sin que se aprecien visualmente sus órganos sexuales.

En todo caso, como indica la Circular 2/2015 de la Fiscalía General del Estado: "La pornografía infantil necesariamente debe integrarse por representaciones visuales, no siendo suficiente el material de audio. En este sentido, el informe del Consejo Fiscal de 8 de

---

39 Gómez Tomillo, M., *Comentarios prácticos al Código Penal. Tomo II. Los delitos contra las personas. Artículos 138-233"*, Cizur Menor (Navarra), Thomson Reuters, Aranzadi, 2015 página 592.

enero de 2013 declaró que "con la nueva definición... quedaría fuera del concepto de material pornográfico infantil el material de audio, que hasta ahora –no sin debate— se consideraba incluido". No obstante, las pistas de audio podrían ser de interés a la hora de deslindar la naturaleza pornográfica o no del material de video".

De igual modo el material pornográfico escrito (novelas, relatos, etc.) no puede incluirse en el radio típico.

El mero desnudo

Un problema con el que nos encontramos en la actualidad es el del *mero desnudo,* fotografías u otro tipo de material en las que un menor o persona con discapacidad necesitada de especial protección aparece, por ejemplo, en ropa interior o incluso desnudo, pero realizando actividades de la vida diaria o, simplemente, posando sin participar en ninguna conducta sexual. Por ejemplo, un niño de 4 o 5 años jugando desnudo en la playa. Hay casos reales acaecidos en los últimos veranos. Persona que se encuentra realizando fotografías con su teléfono móvil a un niño de 4 años que está jugando en la playa, desnudo. Sus padres lo descubren y avisan a la policía. El autor no ofrece una razón verosímil de su actuar. Reconoce que ha realizado las fotografías. Pero ¿son pornográficas? Sin perjuicio de la lesión a la intimidad del menor, a nuestro parecer, las fotografías no tienen un contenido pornográfico. Ni antes ni después de la última reforma operada en el Código Penal.

> STS de 21 de marzo de 2000: "Ninguna de las fotografías aportadas a los autos refleja, por lo demás, posturas o actos de contenido específicamente sexual o de carácter obsceno; la niña —que a la sazón

tenía entre ocho y nueve años— solamente aparece desnuda en una de ellas y con braguitas, bikini o normalmente vestida en las restantes, mostrándose con la ingenuidad propia de su corta edad y de la confianza inherente a la presencia de su madre. La peculiaridad de la conducta enjuiciada radica en que la contemplación de las fotografías de niñas de corta edad desnudas o semidesnudas producía al hoy recurrente un placer sexual como consecuencia de los trastornos de la personalidad que el mismo padecía. A este respecto, dice el Tribunal de instancia que "las fotografías descritas de la niña B una vez obtenidas fueron entregadas al acusado, quien las contemplaba para satisfacer sus apetencias sexuales". Desde este punto de vista, pues, difícilmente podría calificarse de corruptor para la menor, en los términos antes expuestos, el hecho de haber sido fotografiada por su madre, en la forma que se ha dicho, sin ninguna otra connotación reflejada en el relato fáctico de la sentencia recurrida".

STS de 20 de octubre de 2003: "Los motivos de casación tercero, cuarto, sexto y noveno, todos ellos amparados en el art. 849.1° LECrim, en los que se denuncia la indebida aplicación del art. 189.1 a) del Código Penal a determinados actos, distintos de los abusos sexuales, realizados por el acusado con los menores X, Y, Z respectivamente, deben ser estimados. En el mencionado artículo se castiga como delito de corrupción de menores, entre otras conductas, la que consiste en utilizar a menores de edad para elaborar material pornográfico y es en este tipo donde han sido subsumidas las acciones del acusado en que fotografió desnudos a los citados menores. La imagen de un desnudo —sea menor o adulto, varón o mujer— no puede ser considerada objetivamente material pornográfico, con independencia del uso que de las fotografías pueda posteriormente hacerse y que no consta cuál fuese en la ocasión de autos, aunque sí se dice, por cierto, que algunas grabaciones de niños desnudos en cámara digital fueron borradas después por el propio acusado... No se trata, pues, de hechos que puedan ser caracterizados como elaboración de material pornográfico por lo que debemos declarar la indebida aplicación del art. 189.1.a) del Código Penal estimando los motivos tercero, cuarto, sexto y noveno del recurso".

STS de 8 de marzo de 2006: "La penuria del hecho probado en relación con este delito es evidente por cuanto el relato se circunscribe a constatar que durante el período de tiempo que el acusado lo tuvo en su compañía "lo fotografiaba estando desnudo e incluso grabaciones en vídeo para satisfacer sus instintos libidinosos..." (sic), sin que en el fundamento séptimo se aporte dato relevante excepto la falta de constancia de que las fotografías o grabaciones hayan sido difundidas, lo que excluye la aplicación del apartado 1°, letra b), del precepto mencionado... Ahora bien, tiene razón el recurrente cuando argumenta que la imagen de un desnudo "no puede ser considerada objetivamente material pornográfico", recogiendo literalmente lo dicho en la STS 1342/03, porque, efectivamente, aunque la pornografía es un concepto que no está definido en el Código Penal, lo cierto es que comporta, como señala el Ministerio Fiscal en su informe, un añadido a las imágenes de obscenidad o situaciones impúdicas, lo que no puede predicarse sin más de un desnudo, luego en la medida que en el hecho probado no se especifica dicho contenido de obscenidad o impudicia resulta insuficiente para subsumir los hechos en el delito por el que han sido calificados. Es cierto que el Fiscal, que acoge la doctrina anterior, entiende que en este caso además de las fotografías se realizaron "grabaciones en vídeo", considerando que ello constituye "un plus en la acción que el acusado llevó a cabo". Sin embargo, la grabación desprovista de contenido obsceno debe llevarnos a la misma conclusión, puesto que el hecho de que la imagen sea en movimiento no implica por sí solo la existencia del elemento pornográfico".

STS de 3 de abril de 2012: Por "elaboración de cualquier clase de material pornográfico" podemos

> entender tanto fotografías como videos, como cualquier soporte magnético que incorpore a un menor en una conducta sexual explícita, entendiendo por ésta el acceso carnal en todas sus modalidades, la masturbación, zoofilia, o las practicas sadomasoquistas, pero no los simples desnudos".

Hemos señalado estas sentencias puesto que expresan un criterio constante en la necesidad de que las imágenes posean un carácter pornográfico. Y entiendo que es importante en tanto que en la práctica nos encontramos con supuestos en los que los investigados alegan fines artísticos para justificar su posesión. Resulta una exigencia del tipo que el material sea pornográfico en los términos que hemos analizado con anterioridad. Objetivamente pornográfico, sin poder trasladar a la intención del autor el carácter objetivo del mismo. El hecho de que el autor encuentre satisfacción sexual en la observación de menores en bikini no convierte el material en pornográfico.

La cuestión cambia cuando del desnudo puede inferirse una connotación sexual, en este sentido el ATS 521/13, de 21 de febrero: "las fotos realizadas por el acusado a la menor pueden considerarse como pornográficas ya que muestran la zona púbica de la niña, su imagen desnuda y del busto en actitud sugerente".

b) Toda representación de los órganos sexuales de un menor o persona con discapacidad necesitada de especial protección con fines principalmente sexuales.

Se trata de la representación de los órganos sexuales de un menor o persona con discapacidad necesitada de especial protección con fines principalmente sexuales. Y esa finalidad es la que debe concurrir "fin principalmente sexual", para evitar el castigo de representaciones que tengan otra finalidad como, por ejemplo, médica, docente o de investigación.

Según el diccionario de la Real Academia Española[40] representación es, entre otras acepciones, acción y efecto de representar. Y representar es hacer presente algo con palabras o figuras que la imaginación retiene.

La representación ha de ser en todo caso visual, excluyéndose el material de audio y el material pornográfico escrito (Circular 2/2105 de la Fiscalía General de Estado).

La expresión "fines principalmente sexuales" hace pensar en la posibilidad de que concurran varias intenciones, por ejemplo, la médica o de investigación o científica con la sexual. En ese caso la conducta será antijurídica si la intención preponderante es la sexual. La ponderación de "esos fines" será objeto de la valoración judicial que tendrá que inclinar la balanza en uno u otro sentido.

En todo caso, cualquiera que fuese la intención del autor, habrá que estar al contenido "objetivo" de la representación. No será relevante que el autor hubiese querido crear una imagen pornográfica cuando objetivamente no tenga tal consideración o, si buscando una finalidad científica, se tratara de forma evidente de una imagen pornográfica.

A nuestro parecer debe mantenerse una interpretación objetiva de tal modo que sea el contenido del material el que determine la finalidad predominante. En este sentido la jurisprudencia del Tribunal Supre-

---

40 Ob cit.

mo (STS de 21 de marzo y 24 de octubre de 2000, 30 de enero de 2009, 30 de septiembre de 2010) así como la Circular 2/2015 entienden que la intencionalidad debe reflejarse en el material.

c) Todo material que represente de forma visual a una persona que parezca ser un menor participando en una conducta sexualmente explícita, real o simulada, o cualquier representación de los órganos sexuales de una persona que parezca ser un menor, con fines principalmente sexuales, salvo que la persona que parezca ser un menor resulte tener en realidad dieciocho años o más en el momento de obtenerse las imágenes.

Este supuesto recoge lo que, por algunos autores, se ha denominado "pornografía técnica de menores", es decir, material que represente a una persona que parezca ser menor de edad participando en una conducta sexual explícita, real o simulada, o cualquier representación de los órganos sexuales de una persona que parezca ser un menor.

El propio precepto recoge una cláusula de exclusión: "salvo que la persona que parezca ser un menor resulte tener en realidad dieciocho años o más en el momento de obtener las imágenes".

La Directiva 2011/93/UE en su art. 2 letra c) inciso iii conceptuó como pornografía infantil todo material que represente de forma visual a una persona que parezca ser un menor participando en una conducta sexualmente explícita real o simulada o cualquier representación de los órganos sexuales de una persona que parezca ser un menor, con fines principalmente sexuales. El apartado séptimo del art. 5 de la Directiva deja a la discreción de los Estados miembros decidir si procede sancionar penalmente las conductas en relación con este tipo de pornografía infantil "cuando la persona que parezca ser un menor resulte tener en realidad 18 años o más en el momento de obtenerse las imágenes".

Se trata de supuestos de pornografía "real" en la que intervengan mayores que parecen menores de edad, por ejemplo, mediante la utilización de maquillaje o el empleo de medios informáticos. Es este un supuesto complicado que sin duda ha de generar problemas de interpretación en la práctica. No se nos ocurre otra forma de poder acreditar la mayoría de edad que la de que la persona en cuestión pueda ser identificada. En los casos en los que no sea posible determinar la mayoría o minoría de edad, pero aparente ser menor, la Fiscalía General del Estado opta por considerarlo como pornografía infantil (Circular 2/2015). Aunque esta afirmación podría suponer una quiebra del principio de presunción de inocencia, como luego se verá, la Circular corrige esta apreciación con posterioridad.

Como no podría ser de otra manera, conjugado con el principio *in dubio pro reo*, si existe una duda razonable sobre la minoría de edad de la persona, el Tribunal optará por considerarla como mayor de edad.

También puede ocurrir que la persona que fuera mayor de edad aparentara menos edad, pero nunca fuera la intención del autor hacerlo pasar por menor, o que teniendo esa intención el autor, la persona fuera mayor de edad. En ambos casos, acreditada la mayoría de edad, la conducta sería atípica.

Por su parte la Circular 2/205, de la Fiscalía General del Estado, acuerda que: "Los Sres. Fiscales interpretarán esta disposición en el sentido de que tendrá trascendencia penal el material pornográfico que presente a una persona como menor, atendido su aspecto externo y el contexto en el que se le coloca (vestimenta, etc.), incluyendo el texto escrito o el audio que lo acompañe".

Pero también exige que se agoten los medios de investigación: "Debe tenerse en cuenta que la Policía dispone de bases de datos de menores víctimas de pornografía infantil identificados. En este contexto, los Sres. Fiscales habrán de procurar en estos casos la determinación de la edad real de la persona representada, por lo que deberán –si no se ha hecho de oficio interesar a la Policía que investigue este extremo. Sólo tras agotar las posibilidades razonables de determinación de edad sería operativo el tipo de pornografía técnica".

Por último, la propia Circular anticipa los problemas interpretativos que surgirán en la aplicación del precepto: "Tratando de ejemplificar este punto, para mayor claridad, la posesión o difusión de material que incorpore una escena sexual protagonizada por una persona no identificada de la que no está claro si es mayor o menor sin hacer mención a su minoría de edad y sin relacionarla con iconografía propia de menores (rasgos aniñados, vestido, peinado, etc.) no deberá perseguirse penalmente. Por lo demás, es fácil intuir los problemas, desde el punto de vista de la culpabilidad, que presentaría la persecución de este tipo de conductas". Como anticipábamos, en este apartado la Circular retoma con toda operatividad el principio de presunción de inocencia, "sólo tras agotar las posibilidades razonables de determinación de edad sería operativo el tipo de pornografía técnica".

d) Imágenes realistas de un menor participando en una conducta sexualmente explícita o imágenes realistas de los órganos sexuales de un menor, con fines principalmente sexuales".

Este sería el caso de la denominada pornografía virtual, es decir, los supuestos en los que mediante una recreación informática se refleje a un menor de edad participando en una conducta sexualmente explícita o imágenes realistas de los órganos sexuales de un menor, con fines principalmente sexuales.

El art. 5 de la Directiva 2011/93/UE imponía la tipificación de la posesión, producción y difusión de pornografía infantil virtual.

Orts Berenguer[41] se muestra crítico con este apartado al decirnos que sin un menor o discapacitado, sea cual sea el espectáculo o el material elaborado ni hay sujeto pasivo ni hay bien alguno necesitado de protección penal, como exigen los principios de proporcionalidad y ofensividad.

Y este es uno de los supuestos más controvertidos. Una interpretación extensiva llevaría al castigo de representaciones realizadas, por ejemplo, en cómics o revistas en las que se "diseñara" a un menor de edad participando en una conducta sexual explícita. Y, a tenor del precepto penal, no habría que forzar excesivamente esa interpretación. Solo se requiere una imagen realista y ello podría conseguirlo cualquier avezado autor de cómics.

Por ello la Circular 2/2015 de la Fiscalía General del Estado señala: "A fin de evitar indebidas extensio-

---

41 ORTS BERENGUER, E., *Ob. cit.* pág. 622

nes del concepto de pornografía infantil, debe interpretarse restrictivamente el concepto "imágenes realistas". Conforme al Diccionario de la Real Academia de la Lengua "realista" significa que "trata de ajustarse a la realidad". Por tanto, "imágenes realistas" serán imágenes cercanas a la realidad, a la que tratan de imitar. Dicho de otro modo, serían imágenes que no son reales pero lo parecen. Podrían abarcar imágenes alteradas de personas existentes e incluso las imágenes generadas mediante ordenadores".

Continúa la Circular: "el concepto de imagen realista debe interpretarse restrictivamente, es decir, solo aquellas que se aproximen en alto grado a la representación gráfica de un auténtico menor o de sus órganos sexuales. Por lo que no se deberán entender incluidos los dibujos animados, manga o representaciones similares".

Pero ¿qué ocurre si la representación es muy realista, si el autor es capaz de efectuar una imagen que se acerque de forma muy significativa a un menor de edad? ¿Deberíamos dejar su tipicidad al grado de destreza o habilidad del autor? Porque la Circular, a falta de Jurisprudencia, no excluye tal posibilidad, únicamente la limita o excluye en los casos de "menor calidad".

Es una cuestión, entiendo, íntimamente relacionada con el concepto de bien jurídico que para este delito se sostenga. El ámbito de protección de esta figura penal debería limitar su alcance ¿de qué modo se atenta a la indemnidad sexual de un menor con una representación gráfica del mismo? Esta cuestión la hemos tratado en el epígrafe relativo al bien jurídico protegido, lugar al que nos remitimos.

e) La pornografía infantil en Estados Unidos:

Siguiendo a Oxman[42], la Corte Suprema de los Estados Unidos decidió el caso *New York v. Ferber*, declarando, en resumen, por una parte, que la comercialización, difusión o distribución de pornografía infantil pasa a formar parte de las categorías de expresión de la libertad no protegidas por la primera enmienda de la Constitución y, por otra, que la legislatura podía regular legalmente su comercialización sin necesidad de tener que probar su contenido obsceno.

Los argumentos esgrimidos por la Corte Suprema de Estados Unidos para justificar su decisión fueron los siguientes: primero, que el utilizar a menores como sujetos de la pornografía puede ser perjudicial tanto para su salud física como para su bienestar psicológico y, por ello, la pornografía infantil no está comprendida dentro de la protección que dispensa la primera enmienda; segundo, que la aplicación del estándar del caso Miller[43] para configurar la "obscenidad" no es una

---

42 Ob. cit. Pág. 286

43 El caso Miller vs. California estableció que los estados pueden promulgar leyes que se apliquen a aquellos trabajos que denoten u describan conducta sexual. Para determinar si una publicación es ilegal: Si una persona común aplicando las normas de la comunidad contemporánea, encontrara que el trabajo tomado en su totalidad apela a intereses lascivos. Si el trabajo denotase o describiese de una manera patentemente ofensiva una conducta sexual específicamente definida por ley. Si el trabajo tomado en su totalidad le faltase o no tuviese un valor literario, político, o científico. En la pornografía infantil se considerarían fotografías de niños expuestos en conducta lasciva. La pornografía infantil es ilegal, y existe una ley federal de 1996 que lo declara así. Se amplía el término a la publicidad y promoción de materiales obscenos que incluya

solución satisfactoria al problema de la pornografía infantil; tercero, que las ganancias financieras originadas en la venta y publicidad de la pornografía infantil constituyen un incentivo para producir dicho material, lo que está prohibido en Estados Unidos; cuarto, que en el mejor de los casos el valor de permitirles a los menores realizar o aparecer en exposiciones lascivas es insignificante; y, quinto, que la distribución de fotografías y películas que representan actividades sexuales explícitas realizadas por menores de edad está intrínsecamente relacionado con el abuso sexual de los niños y, por tanto, existe un interés del Estado que justifica o faculta la prohibición de comercialización.

Sin duda, los razonamientos apuntados para amparar la decisión del caso Ferber constituyen una importante referencia para quienes justifican una política-criminal orientada hacia el castigo y la prevención de la denominada "red de pornografía infantil", ya que, según esta postura su difusión favorece la producción de un material que requiere para su elaboración la explotación sexual de niños reales.

f) La denominada pseudo pornografía infantil.

Hasta la reforma operada por LO 1/2015 el apartado séptimo del art. 189 del Código Penal castigaba con la pena de prisión de tres meses a un año o multa de seis meses a dos años al que produjere, vendiere, distribuyere, exhibiere o facilitare por cualquier medio material pornográfico en el que no habiendo sido

---

a los niños. Los menores tienen sus derechos los cuales están establecidos por la Constitución de los Estados Unidos. En el 1998, el Congreso de Estados Unidos legisló el Child of Line Protection Act (COPA), para establecer qué constituye daño para los niños.

utilizados directamente menores o incapaces, se emplee su voz o imagen alterada o modificada.

Como refiere el informe del Consejo Fiscal de 8 de enero de 2013: "este singular material pornográfico afecta a la imagen y a la dignidad del menor pero no a su libertad ni indemnidad sexual, pues no se lleva a cabo ningún comportamiento —ni siquiera indirecto— con matiz sexual sobre el menor".

En la llamada pseudo pornografía infantil (también denominada *morphing*) no se utiliza realmente al menor o incapaz, sino que se abusa de su imagen o voz manipulándola con artificios técnicos. La Consulta 3/2006 de la Fiscalía General del Estado, sobre determinadas cuestiones respecto de los delitos relacionados con la pornografía infantil, consideraba que se trataba de un supuesto en el que se protegía más la intimidad del menor que su indemnidad sexual.

La Circular 2/2015 de la Fiscalía General del Estado establece: "Tras la reforma operada por 1/2015 se suprime formalmente el tipo de pseudopornografía infantil. Sin embargo, ello no supone la sobrevenida atipicidad de estas conductas, pues eventualmente podrán castigarse como pornografía infantil virtual o técnica. Si se tipifican estas subespecies de pornografía, que no representan a menores reales, con más razón cabrá poder reaccionar contra la pseudo pornografía infantil, en la que se abusa de la imagen de un menor real. Ya el informe del Consejo Fiscal de 8 de enero de 2013 se pronunciaba en el sentido de que entender que "su supresión obedece a que tal material pornográfico debe reconducirse ahora a los supuestos de pornografía virtual que el Anteproyecto considera material pornográfico infantil relevante penalmente. En todo caso, para poder considerar penalmente trascendente este tipo de material, será necesario, como en el caso de la pornografía virtual, que sea realista, que trate de aproximarse a la realidad, quedando excluidos del concepto de pornografía infantil los materiales que por su tosquedad revelen su condición de montaje".

Gómez Tomillo[44] entiende que la única posibilidad de castigar los actos de psedeupornografía infantil es acudir a los delitos contra la intimidad y el derecho a la propia imagen, concretamente el art. 197.2 del Código Penal, siempre y cuando se den las circunstancias descritas, esto es, que la imagen obtenida y posteriormente manipulada proceda de una base de datos reservados protegidos por el derecho a la intimidad, como puede ser un ordenador privado.

Lo que ocurre es que en este caso el bien jurídico protegido sería la intimidad o la dignidad del menor y no la libertad o la indemnidad sexual por lo que la conducta quedaría fuera del delito cuyo estudio nos ocupa.

---

44 Ob. cit. *Comentarios prácticos al Código...*, página 593

IV. Análisis de las conductas del art. 189.1 A) del Código Penal

1. Será castigado con la pena de prisión de uno a cinco años:

a) El que captare o utilizare a menores de edad o a personas con discapacidad necesitadas de especial protección con fines o en espectáculos exhibicionistas o pornográficos, tanto públicos como privados, o para elaborar cualquier clase de material pornográfico, cualquiera que sea su soporte, o financiare cualquiera de estas actividades o se lucrare con ellas.

La reforma operada por Ley Orgánica 1/2015 mantiene la misma redacción anterior, sustituyendo únicamente la mención a los incapaces por la de "personas con discapacidad necesitadas de especial protección".

El art. 3 de la Decisión Marco 2004/68/JAI del Consejo de la Unión Europea, de 22 de diciembre de 2003, relativa a la lucha contra la explotación sexual de los niños y la pornografía infantil determina: "1. Cada Estado miembro adoptará las medidas necesarias para garantizar la punibilidad de las siguientes conductas intencionales, se realicen mediante sistemas informáticos o no, cuando se cometan sin derecho: a) producción de pornografía infantil; b) distribución, difusión o transmisión de pornografía infantil; c) ofrecimiento o suministro de pornografía infantil; d) adquisición o posesión de pornografía infantil".

De acuerdo con la citada Decisión la conducta que nos ocupa quedaría incardinada en la letra a), producción de pornografía infantil.

Como señala la Circular 2/2015 de la Fiscalía General del Estado: "Cabe mantener en síntesis que siempre que exista una conducta típica que tenga directa repercusión sobre un menor concreto (no sobre las imágenes obtenidas) habrá de subsumirse conforme a la letra a) del art. 189 CP".

IV.1. CAPTACIÓN DE MENORES DE EDAD O PERSONAS CON DISCAPACIDAD NECESITADAS DE ESPECIAL PROTECCIÓN CON FINES O ESPECTÁCULOS EXHIBICIONISTAS O PORNOGRÁFICOS, TANTO PÚBLICOS COMO PRIVADOS

Esta conducta fue introducida por la reforma operada en el Código Penal por L.O. 5/2010. En el preámbulo de la citada ley se explicaba la necesidad de tipificar esta conducta como consecuencia de la trasposición a nuestro ordenamiento jurídico de la Decisión Marco del Consejo de 22 de diciembre de 2003, relativa a la lucha contra la explotación sexual de los niños y la pornografía infantil.

Según el diccionario de la Real Academia Española "captar" es, entre otras acepciones: "Atraer a alguien o ganar su voluntad o afecto. Atraer, conseguir o lograr benevolencia, estimación, atención, antipatía, etc., de alguien".

Como señala Aguado López[45] "captar" equivale a ganarse la voluntad o convencer a una persona para que

---

45 AGUADO, S., *Derecho Penal (Parte Especial)*...Ob cit. Pág. 444 y 445.

participe en espectáculos exhibicionistas o pornográficos, sin necesidad de utilizar a la persona en dichos espectáculos. La jurisprudencia también ha definido el término, entre otras, en la STS 15 de febrero de 2018.

> STS de 15 de febrero de 2018: "Eso significa el verbo «captar». Como invoca el recurso, el diccionario RAE define esa acción, además de con otros significados ajenos a lo que aquí examinamos, como atraer [una persona] hacia sí la atención, la voluntad, el afecto o el interés de alguien, calificando el verbo de transitivo, es decir llevando complemento directo. Si éste no ocurre, la acción del verbo estará inconclusa".

Captación por medios informáticos. Es indudable que, en la actualidad, en la mayoría de los casos, la captación se producirá por medios telemáticos. Es posible su realización por otras vías: contacto directo con el menor en el desarrollo de alguna actividad escolar o extraescolar, pero teniendo en cuenta el desarrollo y extensión de Internet y de las redes sociales entre los menores de edad, éste será principalmente su medio comisivo.

Lo que conecta de forma directa con el llamado "grooming". Como indica García González[46] se trata de la extorsión en línea que realiza un individuo a un niño/a para que, bajo amenazas o engaños, acceda a sus peticiones de connotación sexual, principalmente frente a una webcam (cámara de vídeo del ordenador) o a través de un programa de chat, llegando incluso a concertar encuentros para materializar el abuso. Por ello la captación surge como el inicio de la actividad

---

46 GARCÍA GONZÁLEZ, J., *Ciberacoso: la tutela penal de la intimidad, la integridad y la libertad sexual en internet,* Tirant Monografías, Valencia 2010. Pág. 58.

criminal con independencia de su posterior desarrollo o finalidad, ya sea la elaboración de material pornográfico, chantaje, abuso sexual… La utilización de medios engañosos para contactar con un menor se incardinaría en la captación. De este modo podríamos decir que la captación surge como inicio comisivo de varios delitos, dependiendo de la finalidad con la que se realice, lo que dependerá de la intención del autor, determinará que nos encontremos con uno u otro delito. En el llamado "*child grooming*" la finalidad última será la de abusar sexualmente del menor o de la persona con discapacidad necesitada de especial protección.

Para la captación telemática existen diversas vías de actuación. Por ejemplo, la de crear una cuenta falsa con la que acceder a las redes sociales, bien suplantando una identidad existente o bien creando una falsa para la ocasión. El autor, mayor de edad, creará una cuenta al efecto fingiendo ser un menor de edad para poder contactar con otros menores. Una vez consiga la confianza del menor desplegará su acción delictiva.

Es muy leve el control que por las redes sociales se realiza respecto de las personas que quieren formar parte de ella. Es muy fácil crearse un perfil falso con el que operar en una red social. La sensación de impunidad por parte del autor que se enmascara en la red social unido a la sensación de seguridad que tiene el menor en su domicilio al amparo del uso de internet, hacen que con demasiada frecuencia los menores sucumban a los engaños y embustes de los delincuentes.

Sujeto activo:

No existe limitación alguna. Puede serlo cualquier persona. Traemos a colación las notas generales que sobre el sujeto activo se realizaron en el apartado correspondiente.

Esta figura penal se configuraría como un delito común.

Como señalamos en el oportuno apartado existen dos agravaciones específicas con relación al autor: la pertenencia a un grupo criminal y la de parentesco o afinidad con la víctima.

Respecto de la primera de acuerdo con el art. 189.2 f) del Código Penal tendrá lugar cuando el culpable perteneciere a una organización o asociación, incluso de carácter transitorio, que se dedicare a la realización de tales actividades.

En consonancia con otros preceptos del Código Penal, existe una agravación cuando el autor perteneciere a una organización o asociación que se dedicare a la realización de tales actividades. Aunque lo fuera de carácter transitorio.

Respecto de la organización podemos acudir al concepto que el segundo párrafo del primer apartado del art. 570 bis del Código Penal, en la redacción otorgada por la LO 5/2010, establece que "A los efectos de este Código se entiende por organización criminal la agrupación formada por más de dos personas con carácter estable o por tiempo indefinido, que de manera concertada y coordinada se repartan diversas tareas o funciones con el fin de cometer delitos".

Como indica Ruiz Bosch[47] , un ejemplo de esta doctrina lo encontramos en la Sentencia 808/2005, de 23

---

47 RUIZ BOSCH, M., *Organizaciones y grupos criminales,* Artículo publicado en la página web noticias jurídicas, y consultado el 10 de febrero de 2019.

de junio, en la que el Tribunal Supremo, incluía en el concepto de asociación u organización "cualquier red estructurada, sea cual fuere la forma de estructuración, que agrupe a una pluralidad de personas con una jerarquización y reparto de tareas o funciones entre ellas y que posea una vocación de permanencia en el tiempo", y consideraba que eran notas diferenciadoras de la idea asociativa u organizativa:

a. La forma jerárquica de la misma en la que unas personas, con mayor responsabilidad dan las órdenes que otras ejecutan. Las primeras normalmente están más apartadas del objeto del delito.

b. El reparto de papeles o funciones, lo que hace que un miembro con un cometido pueda ser reemplazado por otro sin que resulte afectado el grupo.

c. Que posea vocación de estabilidad o permanencia en el tiempo, sin perjuicio de la evolución o acomodación de su estructura originaria a las circunstancias sobrevenidas en busca de una mayor eficacia en sus objetivos ilícitos y mayores obstaculizaciones o dificultades en el descubrimiento de la red criminal.

Este complejo de personas con organigrama y planificación previa, pertrechadas normalmente con medios adecuados a los fines delictivos propuestos, hace que resulte más difícil al Estado luchar contra tales redes perfectamente estructuradas, que a su vez realizan, lógicamente, operaciones de mayor envergadura. Esa y no otra es la *ratio* de la cualificación de la conducta (STS 808/2005, de 23 de junio).

Podría servirnos esta definición, pero con la salvedad de que no ha de ser, como indica este precepto, de forma estable o por tiempo indefinido, sino que podría serlo con carácter transitorio. Tendría, sin embargo, que existir en todo caso una estructura jerarquizada y un reparto de funciones entre sus componentes.

La STS 10 de diciembre de 2004 aplica el subtipo en un supuesto de pluralidad de usuarios que, coincidentes en un "lugar de encuentro" virtual en Internet, coordinan sus acciones para aumentar las posibilidades de consumo de las imágenes dañinas para los derechos de los menores, permitiendo, además, su difusión incluso a otras personas ajenas al grupo organizado".

El Tribunal Supremo concluye con que concurre el subtipo de organización "toda vez que no sólo el recurrente actuó en colaboración con los otros integrantes del "grupo" de proveedores y consumidores del material pornográfico prohibido, con una específica atribución de funciones, cual la confección y aporte de "álbumes" de fotografías por él elaborados a un "depósito" centralizado en una específica página "web", sino que, además, con ello posibilitaba también el acceso de terceros a esa oferta...ampliando la agresión al derecho a la indemnidad sexual de las víctimas de la infracción que es, en definitiva, la razón de ser esencial y el fundamento de la previsión legal agravatoria de la conducta".

Sin embargo, la STS de 20 de septiembre de 2006 desestima la concurrencia del subtipo de organización al no considerar a las llamadas "comunidades de Microsoft" verdaderas organizaciones o asociaciones de delincuentes de pornografía infantil.

La Circular 2/2005 de la Fiscalía General del Estado además cita el ATS de 10 de febrero de 2011: "...el recurrente además de proporcionar material de pornografía infantil a terceros pertenecía a un foro, ocupando una posición jerárquica descrita como "nobles del reino" que le permitía tener acceso a zonas específicas de la red a las que no podían acceder otros usuarios. El hecho de que el acusado alcanzara una posición relevante en dicho foro se debió al número de imágenes que aportó, tanto tomadas por él mismo como procedentes de otras descargadas por él previamente realizadas de Internet. Se estima correcta pues, la subsunción de esta conducta en el art. 189.3 e) del Código Penal bajo la referencia a la integración del recurrente en una organización, incluso de carácter transitorio, que se dedica a este tipo de actividad...".

Como señala la citada Circular debe tenerse presente que el subtipo agravado entrará en concurso de leyes en relación con los tipos del Capítulo VI del Título XXII del Libro II, de las organizaciones y grupos criminales o, en su caso, con el delito de asociación ilícita del art. 515.1°. Con independencia de cualquier otro planteamiento, dicho concurso de leyes entre los arts. 189.2.f) y 570 *bis* y 570 *ter* CP habrá de resolverse conforme al criterio de alternatividad, toda vez que el párrafo segundo del apartado segundo del art. 570 quáter opta por tal solución, al establecer que, en todo caso, cuando las conductas previstas en dichos artículos estuvieran comprendidas en otro precepto de este Código será de aplicación lo dispuesto en la regla 4ª del art. 8 del Código Penal.

El subtipo del art. 189.2.f) CP admite su aplicación a estructuras transitorias. Tal modalidad no podría incardinarse en el concepto de organización y asociación, pero sí podría subsumirse en el concepto de grupo criminal, toda vez que se corresponde con una agrupación de personas no suficientemente estructurada para perpetuarse en el tiempo. De nuevo en estos casos habrá de aplicarse el principio de alternatividad, calificando los hechos bien como delito de pornografía infantil en su modalidad agravada, bien como delito de pornografía infantil en su modalidad no cualificada en concurso ideal con un delito de integración en grupo criminal.

Respecto de la segunda agravación específica tendrá lugar cuando el responsable sea ascendiente, tutor, curador, guardador, maestro o cualquier otra persona encargada, de hecho, aunque fuera provisionalmente, o de derecho, del menor o persona con discapacidad necesitada de especial protección, o se trate de cualquier persona que conviva con él o de otra persona que haya actuado abusando de su posición reconocida de confianza o autoridad. (artículo 189.2 g) del Código Penal, redactado por L.O. 8/2021, de 4 de junio de protección integral a la infancia y la adolescencia frente a la violencia).

El círculo de parientes se amplía (ascendiente o cualquier persona encargada de hecho, aunque fuera provisionalmente, o de derecho, del menor o persona con discapacidad necesitada de especial protección, o se trate de cualquier otro miembro de su familia que conviva con él). Además, en todo caso, el tutor, curador, guardador, maestro u otra persona que haya actuado abusando de su posición reconocida de confianza o autoridad.

El ATS de 14 de octubre de 2010 considera aplicable este subtipo "porque en los hechos probados se indica que se elaboró material pornográfico con una menor con la que convivía y ejercía autoridad paterna (como se indica en los hechos el recurrente la estima como su hija, considerándola como hija adoptiva y cuidándola como tal aunque no haya formalizado la adopción y la niña le ha considerado su padre)".

En ambos casos, a la vista de la gravedad de las penas que pueden imponerse, prisión de cinco a nueve años, entendemos que procede realizar una interpretación restrictiva de ambas agravaciones.

Sujeto pasivo:

Personas menores de edad o con discapacidad necesitadas de especial protección. Tampoco reviste ninguna singularidad respecto de lo mencionado en el apartado correspondiente en las cuestiones generales.

Bien jurídico protegido:

Esta conducta presenta una particularidad. El tipo sanciona al que capte a menores de edad o personas con discapacidad necesitadas de especial protección con fines o en espectáculos exhibicionistas o pornográficos, tanto públicos como privados. Es decir, basta con la captación. No es necesario que se produzca la efectiva utilización.

De hecho, antes de la reforma operada en el Código Penal, esta conducta no aparecía tipificada existiendo únicamente el castigo de la utilización. Por ello Aguado López[48] entendía que esta conducta solo podía castigarse como tentativa de la modalidad de la utilización de los menores o personas con discapacidad según la redacción del art. 189. a) del Código Penal.

---

48 AGUADO, S., Ob. cit. Pág. 445.

Sin embargo, la Consulta 3/2006 de la Fiscalía General del Estado sobre determinadas cuestiones respecto de los delitos relacionados con la pornografía infantil, incluía entre las conductas que podía englobar el término "utilizar" la de captar a menores para la elaboración de material pornográfico.

Por ello entiendo que, en este apartado, el bien jurídico protegido sería la indemnidad sexual del menor con relación al correcto desarrollo de su sexualidad. Unido al bien jurídico de su libertad en tanto que como menor de edad o persona con discapacidad necesitada de especial protección todavía no ha finalizado su proceso de madurez ni sexual ni personal ni de libre determinación. En este sentido hay que recordar que la captación lo es con fines exhibicionistas o pornográficos.

Iter criminis:

Hay que destacar que se produce un adelantamiento de las barreras de protección, *captación con fines,* es decir basta la captación de un menor o persona con discapacidad necesitada de especial protección con uno de los fines previstos en el precepto para entender consumado el delito. Ahora bien ¿es necesario que el menor o persona con discapacidad acepte la participación? Gómez Tomillo[49] entiende que la persona ha de aceptar, aunque no haya llegado efectivamente a participar en el espectáculo o en la elaboración del material. Este autor entiende que la negativa del menor o persona con discapacidad nos situaría en la tentativa o en el artículo 183 bis del Código Penal.

---

49 GÓMEZ TOMILLO, M., *Comentarios prácticos*...Ob. cit. Tomo II, pág. 584

Mi opinión es que la captación precisa de aceptación por parte del menor o de la persona con discapacidad necesitada de especial protección, sin necesidad de su participación final en los fines previstos en la norma penal. En ese momento quedaría el delito consumado. Ahora bien, si el menor o la persona con discapacidad rehusaren el ofrecimiento nos encontraríamos, en mi opinión, en una tentativa de este delito.

> STS de 15 de febrero de 2018: "Ciertamente la sentencia parte de dos premisas. La primera que el tipo penal constituye uno de los denominados «de mera actividad». Dice en efecto: se consuma con la captación de menores de edad a los fines indicados en el precepto. La segunda que, por ello, es irrelevante el dato fáctico que la sentencia admite: cabe afirmar es que (el acusado) captó a las menores para elaborar material pornográfico. No lo consiguió. Lo intentó presionándolas con la difusión del material de contenido erótico que consiguió de ellas".

Concursos:

Si una misma persona capta y después utiliza a un menor o persona con discapacidad cometería un solo delito. En redes criminales organizadas, puede haber reparto de funciones, unas personas se dedican a la captación y otras a la utilización, en ese caso, cada una de ellas respondería de un delito del art. 189.1 a) del Código Penal.

La captación ofrece un problema concursal con el art. 177 bis 1 b) del Código Penal:

> "Será castigado con la pena de cinco a ocho años de prisión como reo de trata de seres humanos el que, sea en territorio español, sea desde España, en tránsito o con destino a ella, empleando violencia, intimidación o engaño, o abusando de una situación de superioridad o de necesidad o de vulnerabilidad

> de la víctima nacional o extranjera, o mediante la entrega o recepción de pagos o beneficios para lograr el consentimiento de la persona que poseyera el control sobre la víctima, la captare, transportare, trasladare, acogiere, o recibiere, incluido el intercambio o transferencia de control sobre esas personas, con cualquiera de las finalidades siguientes:
>
> b) La explotación sexual, incluyendo la pornografía".

Gómez Tomillo[50] habla de tres criterios para deslindar ambas conductas:

En primer lugar, señala este autor que el art. 177 bis castiga la captación en España para que la explotación tenga lugar en el extranjero o bien la captación en el extranjero para que la explotación tenga lugar en España. Por su parte el precepto del art. 189.1 a) del Código Penal castigaría la captación y utilización, ambas conductas, en España.

En segundo lugar, al exigir el art. 177 bis una situación de especial vulnerabilidad podría utilizarse el precepto del art. 189 para los casos excepcionales en los que el menor o persona con discapacidad por su madurez o experiencia no se encontrase en tal situación.

En tercer lugar, entender que existe un concurso aparente de normas penales y que debe aplicarse el artículo 8.4 del Código Penal[51].

Cuando la captación del menor o persona con discapacidad se realice a través de internet, teléfono,

---

50 GÓMEZ TOMILLO, M., Comentarios prácticos...Tomo II. Pág. 585 y 586.

51 En defecto de los criterios anteriores, el precepto penal más grave excluirá los que castiguen el hecho con pena menor.

etc., podría surgir también la colisión entre este precepto y el art. 183.2 del Código Penal:

> "El que a través de internet, del teléfono o de cualquier otra tecnología de la información y la comunicación contacte con un menor de dieciséis años y realice actos dirigidos a embaucarle para que le facilite material pornográfico o le muestre imágenes pornográficas en las que se represente o aparezca un menor, será castigado con una pena de prisión de seis meses a dos años".

Es indudable que existe una defectuosa técnica legislativa al haber introducido el artículo 189.1 a) cuando se encontraba regulado en el 183 ter 2º (hoy 183.2), cuestión que fue puesta de manifiesto en el Informe del Consejo Fiscal al Anteproyecto de Reforma. En el mismo se hacía constar: "Pero debe también repararse en que si el adulto induce al menor para que le envíe imágenes sexuales del mismo y efectivamente la inducción tiene éxito y el menor le envía tal material, los hechos podrían subsumirse en el tipo de utilización de menores para producir material pornográfico (art. 189.1 a), castigado con mayor pena (de uno a cinco años de prisión) y aplicable no sólo a menores de 13 años sino a cualquier menor de 18...Por ello, entendemos que no es necesario introducir un nuevo tipo en el Código Penal para cumplir con las exigencias del art. 6.2 de la Directiva de 2011. Con el art 189 del Código Penal ya se podrían reprimir tales conductas.".

El Consejo Fiscal consideraba prescindible esta figura penal, pero si se mantenía la tesis de la necesidad de una tipificación expresa, entendía que el propio tipo de nuevo cuño debiera restringir su aplicación a la tentativa, partiendo de que la efectiva producción de material pornográfico infantil integraría el tipo del art. 189 del Código Penal.

Pero también podría plantearse un problema concursal con el art. 183.1 del Código Penal.

Como indica Valverde Megías[52]: "A fin de ampliar el listado de conductas relacionadas con la producción de la pornografía infantil y tipificarlas, se introdujo en el artículo 189.1.a) dos nuevas conductas, la captación de menores de edad y la obtención de lucro con las actividades descritas. Pese a que tal innovación a priori puede ser considerada como de escasa transcendencia práctica, ha de tenerse en cuenta que por "captar" considera la Real Academia Española "atraer a alguien, ganar la voluntad o el afecto de alguien". Así pues, la consumación del tipo se produciría en el momento en que el menor de edad – o incapaz— es captado para espectáculos exhibicionistas o pornográficos o para elaborar cualquier clase de material pornográfico, si necesidad de que tal participación se llegue a producir. De esta manera, si por medio de tecnologías de la información o de la comunicación un delincuente contactase con un menor de edad o un incapaz y, tras ganarse su voluntad o confianza por los medios de que haya podido servirse, lograse que el mismo estuviese dispuesto a posar ante la webcam de forma sugerente, exhibiéndose desnudo y mostrando sus genitales, los hechos podrían llegar a integrar el tipo previsto en el artículo 183 bis (hoy 183.1) pero supondrían, asimismo, una captación del menor para la elaboración de pornografía infantil. Comparando ambos tipos penales, comprobamos que en el caso planteado sólo si la víctima tuviese menos de trece

---

52 VALVERDE MEGÍAS, R., *Child grooming. Concepto y respuesta penal.* Ponencia impartida en un curso de formación continuada para Fiscales.

(hoy dieciséis) años podría valorarse la aplicación del artículo 183.1; por el contrario, el artículo 189.1.a) no hace más exigencia que la de la minoría de edad o incapacidad, dando así cabida a los supuestos más frecuentes de víctimas de esta captación, los adolescentes, y ampliando su cobertura a los incapaces, no contemplados en el artículo 183.1 pese a la vulnerabilidad que puedan presentar a la captación. Por otra parte, el artículo 189.1.a) no hace referencia alguna a actos especiales de ningún tipo, por lo que se prescinde del debate entre actos virtuales, digitales o materiales, así como la finalidad que deben tener los mismos y si deben dirigirse propiciar el encuentro o a estrechar la relación; de la misma manera, la ausencia de toda referencia a "encuentros" evita la complejidad de determinar qué debe interpretarse por tal, de manera que nada impide que el mismo se verifique en una comunicación mediante videoconferencia a través de la webcam de los equipos de víctima y delincuente. Finalmente, cabe apuntar que la pena para la captación del artículo 189.1.a) es de 1 a 5 años, muy superior a las penas de prisión de 1 a 3 años o multa de 12 a 24 meses previstas para el caso del artículo 183.1. Por tanto, en caso de que un supuesto de hecho de captación hipotéticamente resultase subsumible en cualquiera de los dos, coincidiendo además la finalidad pretendida por el autor del delito y el bien jurídico protegido, sería de aplicación el principio de alternatividad del artículo 8.4 del Código Penal en favor del artículo 189.1.a), con pena más grave".

La STS de 15 de febrero de 2018, estudia el caso en el que el autor captó a menores de edad, pero no consiguió que le remitieran material pornográfico. El recurrente pretende que se aplique el art. 183.2 ter del Código Penal (hoy 183.2) al considerar que cubre mejor la conducta de su representado:

> "Ciertamente el motivo aún suscita una ulterior cuestión: la introducción del tipo del nuevo artículo 183 ter 2, como norma especial vendría a excluir la toma en consideración de la genérica del artículo 189.1ª). Pero, pese a ello, solamente la estima aplicable en relación a los hechos referidos a la menor, pero mayor de 16 años (C y S) ya que, respecto de las otras menores (de 16) la pena del nuevo tipo supera a la prevista para la tentativa del artículo 189.1.a). Ese nuevo precepto introducido por ley posterior a los hechos (la Ley Orgánica 1/2015) vino a recoger una previsión de la Directiva 2011/93 antes citada. La antes citada del artículo 6.2 de ésta. El embaucamiento de menores de la edad para poder consentir (16 años) para que proporcione a quien por medio tecnológico intente que le proporcione material pornográfico. Ciertamente ese tipo penal del nuevo artículo 183.ter.2 del Código Penal parece agotar el comportamiento aquí atribuido al acusado y de manera más específica que el artículo 189.1 a). Porque tipificaría precisamente la tentativa que es lo que hemos entendido aplicable al estimar el anterior apartado del motivo. Dice aquel nuevo precepto del Código Penal que: El que a través de internet, del teléfono o de cualquier otra tecnología de la información y la comunicación contacte con un menor de dieciséis años y realice actos dirigidos a embaucarle para que le facilite material pornográfico o le muestre imágenes pornográficas en las que se represente o aparezca un menor, sería castigado con una pena de prisión de seis meses a dos años.» No obstante, la pretensión del recurrente no es estimable. Prescindiendo de los aspectos relativos a la gravedad de las nuevas penas y de las previstas en el tipo penal que se le aplicó, a efectos de considerar su retroactividad, lo cierto es que esta aplicación en la sentencia de instancia parte de una premisa fáctica diversa de la de esa nueva norma: el acusado no se limitó a un «contacto» con fines de «embaucar». Desplegó una conducta con estrategia

persuasiva fundada en el temor que se inculcó a las víctimas. Eso supone un plus de antijuridicidad que extravasa la formalmente tipificada en el artículo 183.ter.2. Por ello el motivo se rechaza."

Casuística:

STS de 23 de julio de 2018:

"El Tribunal llega al convencimiento de los hechos probados determinantes de la condena, por cuanto señala que "H. manifestó que el acusado llegó a mandarle dos fotos de una amiga suya —E.— y en una de ellas, E. aparecía desnuda de cintura para arriba. De hecho, una de esas fotos la aportó al denunciar —f. 56—. También manifestó que el acusado contactó con ella y desde el comienzo le dijo que tenía fotos y videos suyos de contenido sexual, a lo que ella dio credibilidad, puesto que llevaba meses practicando cibersexo a través del programa de mensajería y de la webcam —cámara de captación de imágenes para su grabación o transmisión, instalada en el equipo informático—. También dijo que ante el temor de que pudiera publicitar imágenes de contenido sexual, admitió lo que el interlocutor pedía; añadió que era muy joven y que, además, después de que en 2007 decidió dejar de conectarse al servicio de mensajería para evitar contactar con el citado individuo, tuvo noticia de que en una red de contactos por internet, llamada Gente link, habían aparecido fotografías y videos de contenido sexual y lo supo por un correo que se le envío por el administrador de la página, que le indicaba que habían sido borrados y que no estaba permitido difundir, a través de dicha página, ese tipo de contenidos. Supuso entonces que había sido la persona con la que venía contactando la que había difundido esos videos y fotos".

En esta reciente sentencia se explica la captación que llevó a cabo el condenado. El acusado envió a la menor dos fotografías de una amiga suya en la que ésta se encontraba desnuda de cintura para arriba y le dijo que tenía otras fotografías de la denunciante. Contactó a través de una red de contactos y, en este caso, por medios coactivos, doblegó la voluntad de la víctima.

Traemos de nuevo a colación la citada STS de 15 de febrero de 2018. En este caso el recurrente alega que no existió captación de los menores y por ello no podía castigarse por el art. 189.1 a) del Código Penal.

> "Tras manifestar que se aquieta con la condena por los delitos de amenazas, en el primero de los motivos, al amparo del artículo 849.1 de la Ley de Enjuiciamiento Criminal, sostiene que, según los hechos probados, no hubo captación de menores «para elaborar material pornográfico». En primer lugar, porque el acusado solamente pretendía obtener material pornográfico para su difusión en el caso de la menor (pero mayor de 16 años)-. Y ese supuesto no constituiría el tipo penal por el que viene penado. Respecto de los otros tres casos, la redacción de hechos probados no describe que se pretendía obtener contenidos que puedan considerarse pornográficos. Entendiendo por tales los que reúnan las características enunciadas al respecto por el artículo 189.2 tras su reforma por Ley Orgánica 1/2015. Y desde luego lo efectivamente obtenido no puede considerarse material pornográfico. Hecho éste, no discutido en la medida que la propia sentencia lo valora así".

IV.2. UTILIZACIÓN DE MENORES DE EDAD O PERSONAS CON DISCAPACIDAD NECESITADAS DE ESPECIAL PROTECCIÓN CON FINES O EN ESPECTÁCULOS EXHIBICIONISTAS O PORNOGRÁFICOS, TANTO PÚBLICOS COMO PRIVADOS

El diccionario de la Real Academia española define utilizar como "hacer que algo sirva para un fin.

Aprovecharse de algo o de alguien". Los fines son los mismos que los de la conducta anterior: con fines o en espectáculos exhibicionistas o pornográficos, tanto públicos como privados.

Sujeto activo. Se trata de un delito común, cualquiera puede ser sujeto activo de esta modalidad típica.

Sujeto pasivo. Cualquier menor de edad o persona con discapacidad necesitada de especial protección.

Bien jurídico protegido. El hecho de "utilizar" nos lleva a inclinarnos por la libertad o la indemnidad sexual como bien jurídico protegido en los términos que antes hemos desarrollado. Dependiendo de la concreta edad del menor y de su madurez sexual podría verse afectado en mayor o menor medida uno u otro bien jurídico. Utilizar presupone que el menor ha "participado" en alguna conducta de tipo sexual, hace entender que ha "sufrido" algún ataque a su sexualidad. Que se ha lesionado de forma directa su indemnidad o su libertad sexual.

La utilización debe interpretarse otorgando "un papel relevante al menor" en las conductas que describe el tipo. Entendemos que debe referirse a la participación del menor o persona con discapacidad en el comportamiento sexual. Como señala la Circular 2/2015 no serán subsumibles en este tipo penal el desempeño por el menor de tareas subalternas como pudieran ser las de vendedor de entradas, camarero, etc.

El verbo típico «utilizar» implica que el sujeto activo somete al menor/persona con discapacidad a su plan de actuación, de modo que o bien el sujeto pasivo carece de capacidad para resistirse o formular una posición propia, o se encuentra en una situación de ausencia de libertad determinada por la edad o por algún mecanismo de control por parte del autor (SAP Albacete de 1 de junio de 2018).

¿Qué ocurre si el menor o la persona con discapacidad se encontrara como observador de una escena pornográfica entre adultos? Creo que, en ese caso, debemos analizar cada supuesto concreto sin perder de vista el bien jurídico protegido.

Es posible que la presencia del menor sea un incentivo para quien vea la imagen o el vídeo, indudablemente si se añade la presencia de un menor o de una persona con discapacidad en una escena sexual protagonizada por otros, es porque a alguien le aporta un plus observarla de ese modo.

Por eso opino que cada caso debe ponerse en conexión con el bien jurídico protegido. Y en esa relación habrá de ponderarse la edad del menor, la edad de los intervinientes en la escena, y las circunstancias en las que ésta tuvo lugar. En todo caso, siempre como observador físico, es decir, con inmediación en la escena o conducta sexual, no como por ejemplo un observador virtual o a través de las redes sociales. En estos casos siempre podríamos acudir al delito de exhibicionismo del art. 185 y 186 del Código Penal.

En el mismo sentido Gómez Tomillo[53] entiende que se cerraría el paso a la sanción penal de los supuestos en los que es un menor o incapaz quien atiende una línea telefónica erótica, salvo que se quiera forzar la ley. Para este autor, sin embargo, la conducta

---

53 GÓMEZ TOMILLO, M., *Comentarios prácticos*...Ob. cit. Tomo II. Pág. 584

tendría encaje en el art. 183 bis (hoy 183) del Código Penal.

Tanto la captación como la utilización ha de ser:

a) Con fines exhibicionistas o pornográficos.

b) En espectáculos exhibicionistas o pornográficos, públicos o privados.

c) O para elaborar cualquier clase de material pornográfico, cualquiera que sea su soporte.

Fines exhibicionistas o pornográficos. Con el fin de excluir cualquier otra finalidad ajena a éstas. Por ejemplo, una finalidad artística o cultural.

Espectáculo exhibicionista o pornográfico, público o privado:

Dice el diccionario de la Real Academia Española que espectáculo es "función o diversión pública celebrada en un teatro, en un circo o en cualquier otro edificio o lugar en que se congrega la gente para presenciarla. Conjunto de actividades profesionales relacionadas con los espectáculos. La gente, el mundo del espectáculo. Cosa que se ofrece a la vista o a la contemplación intelectual y es capaz de atraer la atención y mover el ánimo infundiéndole deleite, asombro, dolor u otros afectos más o menos vivos o nobles. Acción que causa escándalo o gran extrañeza".

La Directiva 2011/93/UE, en la letra e) del art. 2, define espectáculo pornográfico como "la exhibición en directo dirigida a un público, incluso por medio de las tecnologías de la información y la comunicación: i) de un menor participando en una conducta sexualmente explícita real o simulada, o ii) de los órganos sexuales de un menor con fines principalmente sexuales".

¿Cuál sería la diferenciación entre el espectáculo privado o público? El número de espectadores no, en tanto que podría haber un espectáculo privado en el que asistieran muchas personas y que, a uno público, asistiera un solo espectador ¿Qué se ofertara su asistencia a cualquier persona? Tampoco creemos que ese sea el criterio adecuado puesto que, por su propia esencia ilícita, no podrá nunca publicitarse a terceros. Podría entenderse que público es aquel que se exhibe en un establecimiento o local de tal índole (un teatro, un pub, un club) y privado el que tiene lugar en un lugar privado. También habría que valorar la vocación que tiene el autor de que sea visto por un grupo concreto y determinado de personas o por cualquiera que tenga ocasión de asistir.

¿Sería punible la conducta si el espectáculo tiene lugar ante un solo espectador? Entiendo que el número de asistentes no puede afectar a la relevancia penal de la conducta. De otro modo ¿cuál sería el número necesario de asistentes? Puede que la intención del autor fuera realizar un espectáculo en el que acudieran doscientas personas y finalmente solo acudieran diez, o, al contrario, que pensara que tendría un público menor del que finalmente tuvo. El bien jurídico que protege el delito se ve afectado de la misma forma con independencia del número de espectadores.

No obstante, como indica la Circular 2/2015 de la Fiscalía General del Estado, habrá de considerarse *extra muros* del tipo como el propio Preámbulo de la Directiva 2011/93/UE establece "la comunicación personal directa entre iguales que dan su consentimiento, así como los menores que hayan alcanzado la edad de consentimiento sexual y sus parejas".

Respecto de la elaboración del material pornográfico nos remitimos a lo estudiado en el apartado relativo al concepto de pornografía y de pornografía infantil. Lo que sí es relevante es que es indiferente el soporte en el que éste tenga lugar. Los avances en los medios informáticos con los múltiples soportes que hoy existen y que surgen *ex novo* cada poco tiempo, hace que el legislador haya tenido que acudir a esta fórmula genérica para evitar que un nuevo soporte vaciara de contenido el precepto penal.

Es importante señalar que, a la vista del bien jurídico protegido en este apartado, existirán tantos delitos de elaboración de material pornográfico como menores o personas con discapacidad hubiesen sido empleados (SSTS nº264/2012, de 3 de abril, 803/2010, de 30 de septiembre y 947/2009, de 2 de octubre).

¿Qué ocurre si un mayor de edad contacta con un menor de edad, le solicita que le envíe material pornográfico y el menor se lo remite libremente? ¿Y si ambos se intercambian material pornográfico?

Nos encontramos en la práctica con múltiples casos en los que el autor, tras la creación de un perfil falso en una red social (normalmente simulando ser un menor de edad) contacta con un menor y tras ganarse su confianza le propone que le remita material pornográfico. Si el menor le enviara fotografías suyas con carácter pornográfico ¿el autor cometería un delito de elaboración de material pornográfico en el que participan menores de edad? A mi entender, la respuesta es afirmativa. Esa conducta supone una "creación" de material pornográfico. Y si la víctima es menor de dieciséis años concurriría la agravación específica del art. 189.2.a) del Código Penal. Otra cuestión es la exasperación punitiva que supone una pena mínima de cinco años de prisión.

Pero ¿y si el menor tenía unas fotos suyas guardadas de contenido pornográfico y se las envía al autor? En puridad no crea el material, éste ya estaba creado. En este caso el material estaba en la esfera privada del menor, pero en el momento que sale de su posesión y pasa a estar en manos de un tercero, es un material pornográfico con un menor identificado. No debe de elaborarlo el menor sino el autor del delito. Y con el material que recibe del menor "crea" material que podrá difundir a terceros. Y la lesión al bien jurídico se producirá en toda su extensión.

Y todavía podría darse otro supuesto. Si el menor con anterioridad hubiese enviado ese mismo material pornográfico a un tercero ¿se podría hablar de elaboración cuando ésta ya se había producido antes? Es decir, el material fue creado en un momento precedente y se envió a una persona, ahora se envía al autor ¿hay elaboración? Entiendo que sí. Por el mismo argumento que expuse en el supuesto anterior. El autor elabora un material para él, un material pornográfico que le permitirá su difusión o simple tenencia pero que en sus manos supone un material *ex novo.*

¿Y si el autor, para ganarse la confianza del menor, a su vez le remite material pornográfico? Pues el autor cometería, además, un delito de exhibicionismo del art. 186 del Código Penal.

STS 23 de julio de 2018:

> "Sobre el delito del art. 181 CP de abusos sexuales cometido por internet. Cibersexo, sextorsión, o delito virtual del art. 181 CP. Interesa, también, destacar que la tipificación de los hechos es adecuada, dado que el tipo penal del art. 181 CP castiga al que, sin violencia o intimidación y sin que medie consentimiento, realizare actos que atenten contra

la libertad o indemnidad sexual de otra persona, y el hecho probado con cada una de las víctimas describe la obligación de estas de llevar a cabo ante él, y por el ordenador, actos de naturaleza sexual, bajo la amenaza de divulgar imágenes de ellas comprometedoras que había obtenido al introducirse en sus ordenadores por programas informáticos que fueron detectados por los agentes policiales. De esta manera, las víctimas se desnudaban, se masturbaban, se introducían dedos y objetos por la vagina e incluso simulaba hacerlo por vía anal, como se describe en los hechos probados. Estos actos forzados por el recurrente conllevan actos que atentan contra la libertad sexual de las víctimas, ya que están hechos, no solo sin consentimiento, sino obligadas a ello bajo la advertencia de divulgar archivos sexuales de las víctimas comprometidos, lo que le llevó a realizar esos actos para frenar o parar su divulgación.

De esta manera se dan los presupuestos de la ausencia de consentimiento y del acto atentatorio a la libertad sexual de las víctimas. Todo ello, unido a la agravación entonces contenida en el art. 182.1 CP, y ahora art. 181.4 CP, de que el abuso sexual se lleve a cabo vía vaginal, anal o bucal, o mediante la introducción de miembros corporales por esas vías, que es lo que se llevaba a cabo por las víctimas ante las "exigencias" del recurrente y bajo la advertencia de la divulgación de esos archivos informáticos que les advertía había conseguido de sus ordenadores. De esta manera, toma carta de naturaleza la comisión del delito de abuso sexual de carácter virtual o por internet, que no requiere de modo específico un "contacto sexual" directo por parte del autor del delito, sino de "actos que vayan encaminados a atentar contra la libertad sexual" de las víctimas, que es lo que se describe en el hecho probado, donde las acciones desplegadas y declaradas probadas demuestran actos claramente atentatorios a la libertad sexual de las víctimas y llevados a cabo sin su consentimiento, que es lo que integra el tipo penal, esto es, mediante "la advertencia de difundir archivos de ellas de alto contenido sexual y causándoles, con ello, un gran perjuicio personal y de imagen. Ante la proliferación de este tipo de casos de abusos sexuales por internet sin consentimiento de las víctimas y con el empleo de la extorsión de divulgar imágenes o videos de las víctimas se ha empezado a utilizar el término sextorsión, para calificar este tipo de actos de delitos de abusos sexuales cometidos por internet y con la extorsión que lleva implícita la falta de consentimiento de las víctimas.

Como en este caso aquí analizado, el autor del delito de abuso sexual on line infecta primero el ordenador de su víctima mediante un virus que le permite acceder a sus contenidos, captando imágenes y/o videos privados que pueden comprometer su intimidad si se divulgaran. Generalmente el "modus operandi" consiste en la mecánica por la que el autor del delito envía un correo electrónico a su víctima con un enlace atractivo para ella, y al "pinchar" en el mismo se descarga el "malware" en su ordenador. Con ello, el criminal ya tiene acceso a sus contenidos y podrá descargarse archivos e imágenes o videos, que constituye luego la extorsión, lo que lleva a calificar los actos como sextorsión. En muchos casos, incluso, la denuncia no ocurre, dado que la víctima se avergüenza de lo que ha estado haciendo, hasta que decide cortar su contacto con el criminal. No obstante, la persistencia de estos es lo que puede llevar, finalmente, a las víctimas a denunciar. Y es aquí donde tras las medidas de investigación policial del Grupo de delitos tecnológicos es cuando puede detectarse, con medidas de acceso al ordenador del autor del delito, la detección de otras posibles víctimas que hasta ese momento no habían querido denunciar, que es lo que en este caso ocurrió. Los autores de estos delitos valoran este posible rechazo a denunciar de sus víctimas para que su entorno no conozca los videos e imágenes que había realizado antes y después de la extorsión del delincuente. Pero es la continuidad de la extorsión lo que puede llevar a alguna víctima a tomar la decisión de denunciar como única forma de acabar con la sextorsión.

Señalar, también, que la sextorsión está relacionada con el delito de sexting del art. 197.7 CP si se difunden las imágenes, con la agravante de que éstas se obtuvieron sin consentimiento, lo que nos llevaría al art. 197.3 CP. Puede asegurarse, también, que el "modus operandi" referido permite situar al autor del delito en una posición de superioridad virtual por internet , de tal manera que ya ha vencido la inicial oposición de la víctima, cuando el autor le pide a ésta que lleve a cabo actos de carácter sexual por internet en una relación privada. Es esta posición no consentida en la víctima, y forzada por el autor del delito, lo que determina que se haya cometido un delito de abusos sexuales con la agravación del actual art. 181.4 CP (art. 182.1 CP en la fecha de los hechos) si se hace de alguna de las formas o modalidades previstas en el apartado 4º del art. 181 CP , lo que sitúa la penalidad en un arco que va desde los 4 a los 10 años, y si existe continuidad delictiva, que suele ser lo habitual hasta que la víctima se decide a cortar la relación, de 7 años y 1 día a 10 años de prisión".

IV.3. FINANCIACIÓN DE CUALQUIERA DE ESAS ACTIVIDADES

Financiación es la acción y el efecto de financiar. Financiar, según el Diccionario de la Real Academia, es aportar el dinero necesario para una empresa. Y es importante circunscribirse a esta definición en tanto que nos podríamos plantear el hecho de sí, por ejemplo, ceder un local para celebrar un espectáculo con menores, podría considerarse como una financiación. O si, de acuerdo con la definición que acabamos de transcribir, es necesario que se trate de una aportación dineraria.

Entiendo que debe optarse por una interpretación restrictiva del término y que el precepto se refiere a las colaboraciones pecuniarias en este tipo de actividades. En todo caso, la conducta de cesión de un local o, por ejemplo, la entrega del material necesario para elaborar producto pornográfico puede ser castigado como una cooperación necesaria o como una complicidad en este delito. De hecho, entiendo que esta conducta es una forma de participación, normalmente de cooperación necesaria, que el legislador ha querido castigar de forma autónoma.

En el mismo sentido Aguado López[54] indica que, desde el punto de vista del bien jurídico protegido, parece más adecuada una interpretación restrictiva, entendiendo que sólo son relevantes penalmente las aportaciones significativas para la realización o el mantenimiento de las conductas anteriores.

Otra cuestión que podría plantearse sería si el asistente que paga por presenciar un espectáculo pornográfico en el que intervienen menores de edad está financiando la actividad. No merece la pena entrar en una discusión al respecto ya que el artículo 189.4 del Código Penal, en su actual redacción, castiga expresamente esta conducta.

IV.4. OBTENCIÓN DE UN LUCRO DERIVADO DE LAS CITADAS ACTIVIDADES

El precepto castiga al que obtiene un beneficio económico con las actividades castigadas, aunque no haya participado de modo alguno en las mismas.

---

54 AGUADO LÓPEZ, S., *Derecho Penal...*Ob. cit. Pág. 446.

En este caso Gómez Tomillo[55] entiende que para evitar que nos encontremos con un derecho penal de autor ese lucro debe reunir tres características: ser significativo, directo y real. Directo, para que no exista actividad intermedia (por ejemplo, sancionar al tendero al que el menor compra comestibles con el dinero obtenido). Habitualidad, para que no se trate de un lucro episódico o aislado (persona que acepta una invitación a comer de un menor que ha sido objeto de corrupción). Y significativo, para que goce al menos de cierta entidad.

IV.5. OTRAS CUESTIONES GENÉRICAS

El precepto del art. 189.1.a) del Código Penal es un delito doloso en la que no cabe la punición por imprudencia. La forma imprudente no se encuentra castigada en el Código Penal. Respecto a la influencia del error nos remitimos a lo estudiado en el epígrafe correspondiente.

Lo que el art. 189.1.a) castiga es el hecho mismo de la utilización directa del menor o incapaz para elaborar el material. Como indica Escobar[56] "por esta razón, no es elemento necesario para la consumación del delito lo que deviene consustancial a toda forma de grabación, esto es, la posibilidad de ser reproducida; la utilización del menor o incapaz con fines exhibicionistas o pornográficos o para elaborar cualquier clase de material pornográfico ya se produce con su intervención en la secuencia con la que pretende hacerse el

---

55 GÓMEZ TOMILLO, M., *Comentarios prácticos*...Ob. cit. Tomo II, página 586 y 587.

56 ESCOBAR JIMÉNEZ R., *Análisis de los delitos de pornografía infantil*...Ob. cit.

material. Por tanto, el delito ha de entenderse consumado, aunque el soporte en el que se grabó la acción se haya velado, borrado, deteriorado o destruido".

Caben las formas imperfectas de ejecución. Ningún obstáculo existe para que el autor realice las acciones tendentes a la captación o utilización, y que ésta no se produzca por causas ajenas a su voluntad. En todo caso, conviene reiterar lo que manifestamos sobre la posibilidad de configurar el artículo 183.2 del Código Penal como una punición específica de la tentativa del art. 189.1 a) en esta modalidad.

La realización en unidad de acto de varias escenas constituye un único delito (STS nº947/2009, de 2 de octubre).

En materia de concursos, antes hemos mencionado el artículo 185 del Código Penal, que castiga: "El que ejecutare o hiciere ejecutar a otra persona actos de exhibición obscena ante menores de edad o personas con discapacidad necesitadas de especial protección, será castigado con la pena de prisión de seis meses a un año o multa de 12 a 24 meses".

Podría solaparse la conducta de quien utiliza a un menor o a una persona con discapacidad necesitada de especial protección dejando que otro ejecute actos de exhibición obscena en su presencia.

Entiendo que por el principio de especialidad debería aplicarse el art. 189.1 a) del Código Penal.

Otro supuesto concursal sería cuando los hechos vienen acompañados de agresiones sexuales o de abusos sexuales. Obviamente, si la persona que graba una escena en la que él es autor de una violación con el fin de elaborar material pornográfico, cometería ambos delitos, el de corrupción de menores y el de agresión sexual.

La STS de 2 de octubre de 2009 dispuso:

> "la participación del menor o discapacitado en espectáculos exhibicionistas o pornográficos puede consistir en realizar actos de significado sexual en solitario o con otras personas, mayores o menores de edad, surgiendo en este último caso un concurso de delitos con el correspondiente de abuso o agresión sexual".

Pero si la persona que graba una escena de ese tipo no participa en la violación, en principio, cada uno de ellos sería autor de un delito, el que graba la escena de un delito de corrupción de menores, y el que realiza el acto contra la libertad sexual (violación, agresión o abuso sexual) sería autor del delito correspondiente. Pero la persona que graba una violación cometida por otra persona sobre un menor de edad o persona con discapacidad necesitada de especial protección y no hace nada para impedirlo ¿no podría ser cooperador necesario o cómplice del delito de agresión sexual?

Lo primero que deberíamos plantearnos es si la persona que graba tales hechos puede considerarse como cooperador necesario. Cooperador necesario es quien coopera en la ejecución de un hecho delictivo con un acto sin el cual no se hubiera efectuado (aportación esencial). El autor ejecuta el hecho (solo, en unión de otros o por medio de otro); en cambio, el cooperador es un colaborador que precisa de la existencia de un hecho ajeno al que aporta algún elemento relevante (STS 213/2007 de 15 de marzo). Como afirma la STS 258/2007, de 19 de julio, "la cooperación necesaria en sentido estricto se refiere a quienes ponen una condición necesaria, pero no tienen el dominio del hecho, pues no toman parte en la ejecución del mismo, sino que realizado su aporte, dejan la ejecución en manos de otros que ostentan el dominio del mismo. En otras palabras, el cooperador necesario realiza su aportación al hecho sin tomar parte en la ejecución del mismo".

¿Aporta una conducta relevante quien graba una escena en la que un tercero comete el delito?

La Consulta 3/2006, de 29 de noviembre, de la Fiscalía General del Estado, sobre determinadas cuestiones respecto de los delitos relacionados con la pornografía infantil considera que debe ser tratado como cooperador necesario.

Y ¿respecto del delito del artículo 197 del Código Penal? Pensemos en los supuestos en que una persona de forma subrepticia graba a unos menores que se encuentran en actitud pornográfica y que no se percatan que están siendo grabados. Esa persona no está elaborando material pornográfico en el que intervienen menores de edad, está grabando unas conductas que se están produciendo *per se.* En este caso entiendo que el autor estaría incurriendo en un delito contra la intimidad del art. 197 del Código Penal y no en un delito de corrupción de menores del art. 198.1 a) del citado Cuerpo Legal.

Y ¿si después esa persona difunde el material que ha obtenido de forma subrepticia? Entonces habrá cometido un delito contra la intimidad del art. 197 y otro de corrupción de menores del art. 189. 1 b) del Código Penal.

En este sentido Valverde Megías[57] realiza las siguientes consideraciones: "Si bien es cierto que en

---

57 VALVERDE MEGÍAS, R., Child grooming. *Concepto y respuesta penal.* Ob.cit.

caso de que se hubiese infectado el ordenador del menor de tal manera que se tuviese acceso remoto a su webcam y de esta manera pudiera espiarse al menor en su intimidad y así obtener del mismo imágenes de contenido sexual ignorando el mismo que está siendo observado y grabado no se habría producido ninguna afectación a la indemnidad sexual del propio menor y sólo se habría lesionado su intimidad e imagen – sin perjuicio de la repercusión penal que en segundo término vaya a tener la tenencia o uso que se le dé al material así obtenido—, por lo que el tipo penal idóneo, como sostiene la Consulta (se refiere a la 2/2006), sería el delito de descubrimiento de secretos del artículo 197 del Código Penal. Ahora bien, en aquellos casos en los que el menor accede a desnudarse y exhibirse en actitudes sexuales para el delincuente ante la webcam es discutible que los hechos simplemente constituyan una lesión de la intimidad del menor ya que, por un lado, es difícil admitir que el menor que estaba consintiendo en la utilización de artificios técnicos de transmisión de imagen ignoraba que tales imágenes pudieran ser grabadas por no haberse expuesto de antemano de manera explícita por el delincuente que tal sesión sería capturada; y, por otro lado, la indemnidad sexual del menor como bien jurídico protegido en los delitos de elaboración de pornografía infantil deviene afectada por la participación en esa conducta. Y ni que decir tiene que menos aún cabe mantener esa tipificación cuando la sesión se realiza bajo la amenaza de la revelación de las imágenes capturadas en sesiones anteriores, puesto que no puede admitirse que el menor ignore que las imágenes serán nuevamente capturadas cuando le consta que las anteriores lo han sido porque ahora se están utilizando para chantajearle".

Doctrina y jurisprudencia se muestran de acuerdo en afirmar que se trata de un delito de acción y de mera actividad (SSTS 796/2007, de 1 de octubre y 803/2010, de 30 de septiembre).

Ya hemos comentado que en esta figura penal cada ataque a un menor será constitutivo de un delito del art. 189.1 a) del Código Penal. Ahora bien, como ya indicaba la Consulta 3/2006 de la Fiscalía General del Estado podrá tener cabida la apreciación de la continuidad delictiva en los delitos de elaboración cuando respecto de un mismo menor se hayan llevado a cabo la captura de varias sesiones o en diferentes ocasiones se haya obtenido del mismo material pornográfico, si bien deberá apreciarse un concurso real entre tantos delitos de elaboración cuantos menores hayan sido utilizados.

A continuación, en una de las resoluciones que se analizan, se mencionará nuevo a la continuidad delictiva.

IV.6. SUPUESTOS PRÁCTICOS

Producción de material pornográfico en el que intervienen menores de edad:

STS de 14 de septiembre de 2017.

> "Relatan los hechos declarados probados, en síntesis, que C., encontrándose a solas con el menor E., nacido el NUM000 de 2007, en la casa de éste y actuando con ánimo libidinoso, sacó al menor varias fotografías de las cuales, en una del 29-06-2012 el menor se muestra totalmente desnudo y en dieciséis fotografías del 02-02-2012, se muestra semidesnudo de cintura para abajo exhibiendo de forma explícita sus genitales en cuya captación se

centra el enfoque de la cámara. En concreto, en seis fotografías el menor está tumbado boca arriba con las piernas abiertas, en tres está de pie y en otras tres, posa con el culo en "pompa" hacia la cámara, abriéndose en una de ellas el ano con las manos, en dos posa sentado con las piernas abiertas enfocando la cámara dos primeros planos de su órgano genital mientras lo toca el dedo de un adulto".

"El acusado trabajaba en una empresa de transportes en la que compartía furgoneta de trabajo con el trabajador R., quien, con ocasión de limpiar la furgoneta, se encontró con un pendrive perteneciente al acusado conteniendo 22 fotografías del menor, en las cuales en 5 se encontraba vestido en diversos lugares, y las otras 17 a las cuales antes se ha hecho referencia.

En el caso enjuiciado, el Tribunal ha considerado acreditados los hechos por los que ha sido condenado el recurrente atendiendo a la valoración de las pruebas propuestas en el acto, esencialmente:

i) A la pieza de convicción y prueba documental consistente en el pendrive conteniendo las dieciséis fotografías del menor referidas en los hechos probados. El pendrive fue visualizado por el Tribunal de instancia.

El recurrente no ha declarado en el acto del juicio, si bien, su defensa afirmó que no negaba que hubiera sido él quien realizó las fotografías del menor contenidas en el pendrive. Alegó que es aficionado a la fotografía y realiza miles de fotografías, y que las que son ahora objeto de enjuiciamiento fueron realizadas dentro de una relación familiar (tío-abuelo) y respondían a un juego con el menor a la hora de vestirse para salir a la calle.

ii) A continuación, la Sala hace referencia a la declaración del compañero de trabajo del acusado, R., quien en el acto del juicio expuso las circunstancias en que encontró el pendrive en el interior de la furgoneta de la empresa C., donde ambos trabajaban y cuyo uso compartía con el acusado. Refirió que cuando lo encontró no le dio importancia y lo dejó en una bolsa con otras cosas; pasado un tiempo lo volvió a ver y decidió comprobar su contenido. Al ver las fotografías lo presentó en las dependencias policiales el 13-10-2015.

iii) Asimismo, la Sala valoró la declaración de los padres del menor. Manifestaron en el acto del juicio que supieron de la existencia de las fotografías cuando fueron llamados a declarar a dependencias de la policía y que, aunque solo vieron algunas de ellas, para ellos se trataría de un contexto de juego, sin ningún tipo de intención sexual por parte del acusado con quien mantenían buenas relaciones; siendo entonces su hijo un niño desinhibido que salía desnudo del baño y andaba desnudo por la casa. Asimismo, reconocieron que las fotografías habían sido tomadas en una habitación del domicilio del niño. De dichas pruebas, la Sala de forma lógica y racional concluyó que había quedado acreditado que fue el acusado quien sacó las fotografías al menor y que las guardó pasándolas a un pen drive.

El tema controvertido se trata en determinar si las fotografías constituyen material pornográfico y si existía en el proceder del recurrente un ánimo libidinoso.

En esta instancia debemos compartir el criterio de la Sala de otorgar carácter pornográfico al material intervenido. A tales efectos, la Sala destaca como el principal y casi único objetivo de la cámara son los órganos genitales y ano del niño, adoptando el menor posturas que facilitan la visión de ambos. En este extremo, destaca la Sala que las posturas resultan incompatibles, dada su corta edad, con que hubiera sido el menor quien decidiera adoptarlas, y evidencian que se trata de una decisión del que efectúa la fotografía, el acusado. Carece de la relevancia pretendida por el recurrente el hecho de que los padres del menor no consideren las mismas como material pornográfico.

No cabe duda de que las posturas tienen un contenido sexual. En este extremo, recoge la Sala, cómo en las fotografías se muestra al menor boca arriba con las piernas levantadas y abiertas centrándose la imagen en sus genitales; boca abajo con el culo en "pompa" enfocándose en los genitales y el ano, el cual abre en una de ellas con sus manos; de pie, captando el objetivo en distintas perspectivas sus genitales; o sentado, con las piernas abiertas y primeros planos de sus genitales, que son tocados por el dedo de un adulto".

Compartimos íntegramente el criterio de la Sala. De acuerdo con el concepto antes estudiado y, entre otras, la STS 271/2012, de 26 de marzo, se considera pornografía infantil cualquier material audiovisual que utiliza niños en un contexto sexual. En todo caso, es necesario que el material visual se centre bien en un comportamiento sexual de un menor, bien en sus órganos sexuales. En la STS 13 de octubre de 2013 se consideró que tenían carácter pornográfico unas fotografías que mostraban a los menores desnudos y a una de las niñas con posturas en las que enseñaba de forma marcada y abierta los genitales. Por ello creo que no ofrece duda el carácter pornográfico de las imágenes.

Respecto del elemento subjetivo:

"la Sala de instancia analiza la existencia en el comportamiento del acusado del ánimo libidinoso, ánimo que concluye de los siguientes indicios: 1) el principal y casi único objetivo de la cámara son los órganos genitales y ano del menor; 2) por las posturas que adopta este, exhibiendo los genitales y el ano; 3) por el contexto de producción de las imágenes, cuando acusado y menor se encontraban a solas; 4) por su ocultación a los padres del menor; y 5) porque el acusado las guardó pasándolas a un pen-drive, deduciendo la Sala, que dicho comportamiento tenía como fin destinarlas a su uso privado.

La existencia del controvertido ánimo se desprende conforme a las máximas de la lógica y experiencia de dichos indicios. Las imágenes sugieren una finalidad sexual ajena al pretendido juego origen

> de la obtención de las imágenes que proclama el recurrente".

Como en todo elemento subjetivo, intencional, debe entrar en juego para su acreditación la prueba indiciaria. No contamos en este caso con ningún elemento que permita objetivar cuál era la intención del autor. Para acercarnos a esa "intención" solo podemos valernos de la llamada prueba indiciaria.

Como precisa la STC 111/2008, 22 de septiembre, la jurisprudencia constitucional, desde la STC 174/1985, de 17 de diciembre, insiste en que a falta de prueba directa de cargo también la prueba indiciaria puede sustentar un pronunciamiento condenatorio, sin menoscabo del derecho a la presunción de inocencia, siempre que se cumplan los siguientes requisitos: 1) el hecho o los hechos base (o indicios) han de estar plenamente probados; 2) los hechos constitutivos del delito deben deducirse precisamente de estos hechos bases completamente probados; 3) para que se pueda controlar la razonabilidad de la inferencia es preciso, en primer lugar, que el órgano judicial exteriorice los hechos que están acreditados, o indicios, y sobre todo que explique el razonamiento o engarce lógico entre los hechos base y los hechos consecuencia; 4) y, finalmente, que este razonamiento esté asentado en las reglas del criterio humano o en las reglas de la experiencia común o, en palabras de las SSTC 169/1989, de 16 de octubre, «en una comprensión razonable de la realidad normalmente vivida y apreciada conforme a los criterios colectivos vigentes».

Basta la sola lectura de los indicios antes indicados para constatar que esos indicios son múltiples, quedaron acreditados, se encontraban engarzados y un razonamiento lógico de los mismos concluye en la conclusión probada. El autor realizó las fotografías con un claro ánimo libidinoso.

Pero es que además la Sala añade:

> "En todo caso, la existencia del ánimo libidinoso carece de la trascendencia pretendida por el recurrente. El delito por el que ha sido condenado no requiere un elemento intencional especial, sino solamente el conocimiento del carácter pornográfico del material que se elabora utilizando un menor de 13 años".

Es decir, basta con el hecho de que el autor sepa que el material tiene un contenido pornográfico y que alguna de las personas que interviene en el mismo sea menor de edad.

Sentencia de la Audiencia Provincial de Valencia (Sección 5ª) de fecha 30 de septiembre de 2015:

Resumen de los hechos probados:

> "Ha resultado probado y así se declara expresamente que, durante las temporadas 2013-2014 y 2014-2015, S. (el acusado) desempeñó las funciones de entrenador del club de fútbol de N., en la categoría cadetes. Como entrenador del equipo creó un grupo de WhatsApp en el que incluyó a los jugadores, obteniendo de este modo los teléfonos de P, nacido en 1998, de LA, nacido en 1999, R, nacido en 1999, C, nacido en 1999, S, nacido en 2000 y XXX, nacido en 1999. Una vez obtuvo dichos números de teléfono, en el período comprendido entre octubre de 2014 a enero de 2015, S. contactó con ellos de forma individual, a través de sus WhatsApp y, conociendo que todos ellos eran menores de edad, les propuso de manera repetitiva que le enviaran fotos desnudos y videos masturbándose. S. les ofrecía a cambio diversas cantidades de dinero, y en algún caso, algunos regalos, como un teléfono móvil o unas botas de fútbol. Ninguno de los menores aceptó estas proposiciones, ni llegó a enviarle

> nada, salvo XXX y LA, que le mandaron una foto en calzoncillos. Asimismo, el acusado, valiéndose del perfil de Skype "DIRECCION003", que él mismo había creado, propuso a los menores que agregaran el contacto, diciendo que se trataba de una chica de 17 años, que él conocía. A través de este perfil, el acusado propuso a XXX, P, LA y C. que se desnudaran y masturbaran delante de la webcam; y también les propuso grabar videos realizando felaciones con el acusado a cambio de dinero. Algunos de los menores enseguida sospecharon que la persona que se escondía tras "DIRECCION003" era el propio S.
>
> Un día del mes de X de 2014, el acusado propuso a P. una cita en el vestuario del polideportivo municipal de N. para hacerle una felación. P acudió a la cita y el acusado le practicó la felación, pero no le entregó ningún dinero. XXX aceptó también la proposición de S., y un día del mes de diciembre de 2014 o enero de 2015 acudió al domicilio del acusado, sito en la CALLE00. El acusado mostró a XXX algunos videos de contenido pornográfico y a continuación, apagó la luz y le realizó una felación. En un momento dado, el acusado propuso a XXX encender la luz y grabar la felación, consintiendo XXX en hacerlo, pero como XXX no llegó a eyacular, el acusado le dijo que no servía y nada le pagó. Ni LA, ni C accedieron a las proposiciones del acusado".

A los efectos que aquí nos interesan la Sala condena por los siguientes delitos:

> "1) Cinco delitos de captación de menor para la elaboración de cualquier clase de material pornográfico, del artículo 189.1a), cuatro de ellos en grado de tentativa y uno, consumado. El tipo, en su redacción anterior a la reforma operada por LO 1/2015, castiga al "que captare o utilizare a menores de edad o a incapaces con fines o en espectáculos exhibicionistas o pornográficos, tanto públicos como privados, o para elaborar cualquier clase de material pornográfico, cualquiera que sea su soporte, o financiare cualquiera de estas actividades o se

lucrare con ellas". Se entiende por exhibicionismo se entiende, como señalaba la sentencia de la Sección Segunda del T.S. núm. 796/2007, de 1 de octubre , recogiendo la definición del Diccionario de la Real Academia Española, "la perversión consistente en el impulso a mostrar los órganos genitales", por lo que considera que "convencer a una joven de tan corta edad (solamente tenía doce años) para que se exhiba delante de la webcam de su ordenador, mostrando sus pechos y pubis, constituye, sin la menor duda, una conducta exhibicionista de una menor.

Como señala la STS num. 1632/2000, de 24 de octubre, el art. 189.1 a), castiga dos modalidades de conducta, la primera, la utilización de un menor de edad o incapaz con fines exhibicionistas (o pornográficos), lo que es compatible con el desarrollo de los hechos en el ámbito privado, comprendiendo la exhibición sólo para el propio sujeto activo del delito. La segunda, se refiere a la utilización de dichas personas especialmente protegidas en espectáculos exhibicionistas o pornográficos. La conducta del acusado, requiriendo a los menores, a través de WhatsApp para que le enviaran fotos de sus genitales, e instándoles asimismo a desnudarse y masturbarse delante de la webcam de su ordenador, para su contemplación por el propio acusado, que pretendía esconderse bajo el perfil "DIRECCION003 ", y para la obtención de ese modo de material gráfico de contenido sexual, que tuviera por protagonistas a dichos menores, resulta perfectamente incardinable en el delito de corrupción de menores en su modalidad de fines exhibicionistas. La conducta del acusado no llegó a integrar la consumación delictiva de dicha infracción, en relación con ninguno de los menores cuanto, pese a su insistencia en algún caso, a través del WhatsApp, en pedirles que mostraran sus órganos genitales, y que se masturbaran; así como a través de Skype, no consta que ninguno de ellos lo hiciera, por lo que el delito, respecto de estos menores, lo fue en grado de tentativa".

> 2) Un delito continuado de utilización de menor para la elaboración de cualquier material pornográfico del artículo 189. 1 a) y 74, en relación con el menor XXX. XXX accedió a desnudarse y mostrar al acusado sus genitales a través de Skype, y también a masturbarse delante de la cámara. No se ha interrogado al menor sobre esto, por lo que se ha limitado a decir que el acusado le pedía que llevara a cabo estas conductas, sin concretar si llegó a hacerlo y en cuantas ocasiones. Sin embargo, ello puede inferirse de las conversaciones mantenidas por este menor con "DIRECCION003", obtenidas del ordenador del acusado y también del propio teléfono móvil del menor (folios 118 a 121 de las actuaciones), en las que "DIRECCION003", el día 11/01/2015, dice: "pajéate, dale a lo bestia, quita la mano k la vea entera k te salga semen, enseña polla i ponla dura cuanto t falta pa correrte", a lo que el menor responde: "Aun un poco, vale poco queda"; y sigue "DIRECCION003": "quiero tragarme tu corrida córrete en la barriga kiero ver como t sale, mmm k rico".

En el apartado 1) se refiere expresamente a la captación de los menores para la elaboración de material pornográfico, cuatro de ellos en grado de tentativa[58] en tanto que respecto de cuatro de los menores el autor no llegó a incautarse de material alguno y uno consumado puesto que consiguió que uno de los menores le remitiera material pornográfico.

Al tratarse de un bien jurídico eminentemente personal se cometen tantos delitos como menores resulten afectados. Por esta razón resulta muy impor-

---

58 Art. 16.1 del Código Penal: "Hay tentativa cuando el sujeto da principio a la ejecución del delito directamente por hechos exteriores, practicando todos o parte de los actos que objetivamente deberían producir el resultado, y sin embargo éste no se produce por causas independientes de la voluntad del autor."

tante la identificación de todos los menores que sea posible sin perjuicio del límite penológico impuesto por el art. 76.1 del Código Penal[59].

Sentencia de la Audiencia Provincial de Madrid (Sección 7ª) de 7 de septiembre de 2015. Hechos probados de la sentencia de instancia:

> "G., mayor de edad y sin antecedentes penales que consten en el mes de mayo de 2011, y en todo caso cuando R. nacido el XXX de 1995 tenía 16 años, L. nacido el XXX de 1995 tenía 16 años, A. nacido 2 el XXX de 1995 tenía 14 años, E. nacido el XXX de 1995 tenía 14 años, J. nacido el XXX de 1995 tenía 14 o 15 años, S. nacido el XXX de 1994 tenía 16 años y J.M. nacido el XXX de 1996 tenía 15 años, y, conociendo a A. por haber sido alumno suyo en el Colegio N., perteneciendo también a dicho centro J., contactó con los referidos menores, cuya edad conocía, a través de la página Tuenti, haciéndose pasar para ello por una chica joven que utiliza el Nick de E. o M. Tras el contacto G. les exhibía un video de la chica por la que se hacía pasar en el que se masturbaba, pidiéndoles a ellos que se masturbasen frente a la webcam, accediendo a ello E. que realiza tocamientos en sus genitales, quedándose en calzoncillos frente la webcam J. Con fecha de 8 de agosto de 2011, el Juzgado de Instrucción número 1 de Salamanca acordó auto de entrada y registro en el domicilio de G. sito en la Plaza X, de Salamanca, y dirección X, de Madrid. En dichas entradas y registros se encontraron dos ordenadores portátiles así como cuatro discos duros, un pen dri-

---

59 Artículo 76.1 del Código Penal: "No obstante lo dispuesto en el artículo anterior, el máximo de cumplimiento efectivo de la condena del culpable no podrá exceder del triple del tiempo por el que se le imponga la más grave de las penas en que haya incurrido, declarando extinguidas las que procedan desde que las ya impuestas cubran dicho máximo, que no podrá exceder de 20 años".

> ve y una CPU. En el volcado de los datos de los referidos dispositivos aparecen imágenes de varones masturbándose o desnudos cuya identidad y edad no ha podido ser determinada. Las presentes actuaciones se reciben en este juzgado para su enjuiciamiento el 13 de noviembre de 2012 permaneciendo la causa paralizada hasta el 1 de septiembre de 2014, que se dicta el auto de admisión a prueba".

Siendo su Fallo del tenor literal siguiente:

> "Que debo condenar y condeno a G. como autor responsable de un delito de pornografía de menores del art 189.1ª) del CP, concurriendo la atenuante de dilaciones indebidas, a la pena de 3 años y 15 días de prisión e inhabilitación especial para el ejercicio del derecho de sufragio pasivo durante el tiempo de la condena, libertad vigilada durante tres años y 15 días y la inhabilitación especial para el ejercicio de la profesión u oficio de maestro por el periodo de tres años y 15 días, así como al pago de las costas procesales causadas, y a que indemnice a E. y J. en la suma de 1000 euros a cada uno, y debo absolverle y absuelvo a G. del resto de los delitos objeto de acusación".

La Audiencia Provincial de Madrid estima de forma parcial el recurso de apelación interpuesto en el sentido de no aplicar la agravación del art. 192.2 del Código Penal: "Estimamos parcialmente el recurso de apelación interpuesto por la Procuradora de los Tribunales Doña Rosa en representación de G. contra la sentencia dictada por la Ilma. Sra. Magistrada-Juez del Juzgado de lo Penal núm. 14 de Madrid de fecha 10 de marzo de 2015, y a los que este procedimiento se contrae, y revocamos parcialmente la misma condenando a G., como autor de un delito de pornografía infantil del art. 189.1.a) del Código Penal a la pena de un año y quince días de prisión, inhabilitación especial del derecho de sufragio pasivo durante el tiempo de la condena. Declarando de oficio las costas causadas en esta alzada".

A los efectos que aquí nos interesa debemos comentar los siguientes extremos: a) la condena por un delito de captación de menores para la realización de material pornográfico en el que intervienen menores de edad es un solo delito en tanto que la sentencia, a nuestro parecer con criterio acertado, no considera pornográfico la imagen de un menor de edad en ropa interior. Sin perjuicio de su mal gusto la imagen tiene difícil encaje en el concepto de pornografía; b) la no aplicación de la agravación prevista en el artículo 192.2 del Código Penal. En dicho precepto se dispone la imposición de la pena en su mitad superior al condenado por delito previsto en este Título, como autor...cuando éste sea, a los efectos que ahora analizamos, maestro del menor. En el caso que nos ocupa, el condenado, no se prevalió de la condición de profesor. Era profesor de uno de los menores que se cita en la sentencia y con el que contactó telefónicamente, no así con el resto, pero es que además según el relato de hechos probados, el condenado se hacía pasar por una joven, no se identificó nunca como profesor; c) la apreciación de la atenuante de dilaciones indebidas, algo lógico a la vista de la paralización del procedimiento y los parámetros fijados por la jurisprudencia.

Sentencia de la Audiencia Provincial de Madrid (Sección 16ª) de 25 de abril de 2011:

> "Probado y así expresamente se declara que: L., aproximadamente en el mes de enero de 2007 contactó a través de Internet con P., quien tenía en aquel momento trece años de edad, manteniendo con ella de manera continuada conversaciones a través del Chat, intimando en su relación e intercambiando sus respectivos números de teléfono, manifestando

> L. en esas conversaciones que su nombre era F. y que tenía 16 años de edad. A finales de enero decidieron quedar para conocerse, manifestando P. que podían verse en la Calle b en el Burguer que estaba cerca de su casa. Tras la primera sorpresa de P. al comprobar que la persona con la que había estado chateando no tenía 16 años de edad, sino que era un hombre joven, quedaron otras veces para verse, manteniendo en esas citas numerosos encuentros sexuales consentidos por parte de P. Esos encuentros se produjeron en días no determinados, en el coche de L., en un descampado, en la casa de L., en incluso varias veces en la casa de P., manteniéndose hasta noviembre de 2007, para cuya fecha P. ya había cumplido 14 años de edad. En dichos encuentros llegaron a intimar, practicando actos sexuales diversos, como tocamientos mutuos, felaciones, y penetraciones anales, todas ellos con el consentimiento de P. Dichos encuentros eran grabados con una cámara de video por L., grabaciones a las que prestaba consentimiento P. y participaba de buena gana en las mismas. Dichas filmaciones eran grabadas por L. en DVDs que tenía guardados en su domicilio para su propio uso. Ha quedado acreditado que L. conocía que P. era menor de 18 años de edad. No ha quedado acreditado que en estas relaciones sexuales que mantuvieron L. y P. existiese algún tipo de intimidación o coacción por parte de L., sino que las mismas fueron consentidas por P. Así mismo no ha quedado acreditado que L. se sirviese de ningún modo o condición para conseguir dicho consentimiento de P. En el domicilio de L. se encontraron las filmaciones de encuentros sexuales con otras chicas, que él identificaba como C. L. S. y D, personas de las que se desconoce su identidad, así como su edad, no pudiéndose asegurar que sean menores de edad. Tampoco ha quedado acreditado cuando fueron filmados dichos videos con estas otras chicas".

La Sala absuelve del delito de abuso sexual por unos argumentos que son ajenos a este trabajo pero condena por un delito continuado de corrupción de menores del art. 189.1 a) del CP en relación con el art. 74 del mismo texto, sin que concurran circunstancias modificativas de la responsabilidad criminal, a la pena de 3 años de prisión, más la inhabilitación especial para el sufragio pasivo durante el tiempo que dure la condena, así como la prohibición de aproximarse a P. a menos de 500 metros y a comunicarse con ella durante 10 años.

Como señala la sentencia:

> "Lo que sí que ha quedado acreditado, es que L. fue el autor de las filmaciones en las que aparece P. Apareciendo el acusado en ellas, y habiéndose reconocido así mismo en dichas filmaciones en el acto del juicio oral. Así mismo ha quedado acreditado que estas se produjeron entre enero y noviembre de 2007, periodo reconocido que ocurrieron los hechos y que coincide con las fechas de los archivos de las mismas. Así mismo ha quedado acreditado que en ese periodo P. contaba con 13-14 años de edad (P. cumplió 14 años en agosto de 2007). Que P. lo manifiesta al inicio de cada video, al propio acusado en las filmaciones se le puede oír decir y repetir en multitud de ocasiones que "P. tiene 14 añitos". Por último, en todo caso, el acusado en sus declaraciones ha manifestado lo siguiente: en instrucción dijo que creía que tenía al menos 16 años, en el acto del juicio oral, manifestó que manifiesta que creía que P. tenía 17 ó 18 años. Es decir que en todo momento entendió que podía ser menor de edad. Es más, él reconoció que P. le hablaba del colegio y en ocasiones le pedía que fuera vestida con el uniforme del colegio, por lo que es evidente que tenía conocimiento de su posible edad. Así mismo, ha quedado acreditado que dichos videos pudieron se creados con su cámara Canon, que fueron visionados en su ordenador y que los tenía archivados en DVDs en su domicilio, donde fueron hallados en la entrada y registro que

> se efectuó con las debidas autorizaciones judiciales, según manifestó el agente XXX".

Fijémonos en el esfuerzo que realiza la sentencia en el hecho probatorio de la edad, ninguna duda ofrecía que el acusado había realizado las filmaciones y de su contenido pornográfico, únicamente restaba por acreditar que el acusado era conocedor de la minoría de edad de P. La sentencia fundamenta y explica este hecho.

Quisiera hacer una pequeña reflexión sobre la continuidad delictiva. Soy consciente de que tal vez este apartado exceda del objeto de estudio de este trabajo, pero considero oportuno, al hilo de lo recogido por la sentencia, hacer un breve comentario sobre su incidencia en este tipo penal.

Artículo 74 del Código Penal:

> "1. No obstante lo dispuesto en el artículo anterior, el que, en ejecución de un plan preconcebido o aprovechando idéntica ocasión, realice una pluralidad de acciones u omisiones que ofendan a uno o varios sujetos e infrinjan el mismo precepto penal o preceptos de igual o semejante naturaleza, será castigado como autor de un delito o falta continuados con la pena señalada para la infracción más grave, que se impondrá en su mitad superior, pudiendo llegar hasta la mitad inferior de la pena superior en grado.
>
> 2. Si se tratare de infracciones contra el patrimonio, se impondrá la pena teniendo en cuenta el perjuicio total causado. En estas infracciones el Juez o Tribunal impondrá, motivadamente, la pena superior en uno o dos grados, en la extensión que estime conveniente, si el hecho revistiere notoria gravedad y hubiere perjudicado a una generalidad de personas.
>
> 3. Quedan exceptuadas de lo establecido en los apartados anteriores las ofensas a bienes eminente-

> mente personales, salvo las constitutivas de infracciones contra el honor y la libertad e indemnidad sexuales que afecten al mismo sujeto pasivo. En estos casos, se atenderá a la naturaleza del hecho y del precepto infringido para aplicar o no la continuidad delictiva".

La regla general, de acuerdo con el apartado tercero del precepto, es la excepción de su aplicación a las ofensas a bienes eminentemente personales. Antes ya me he referido a que cada uno de los menores afectados configuraría un delito de corrupción de menores. La excepción son las infracciones contra la libertad e indemnidad sexuales que afecten al mismo sujeto pasivo. En el caso que nos ocupa cada uno de los vídeos podría haber configurado un delito de corrupción de menores. Pero el precepto matiza precisamente esta posibilidad de acuerdo "a la naturaleza del hecho y del precepto infringido".

Indica la Sala:

> "Entendemos por tanto, que estamos en presencia de un delito continuado de corrupción de menores ya que aprovechó idéntica ocasión, cuando quedaba con P., realizando acciones que constituían cada una de ellas un delito de este artículo 189.1 a) del CP. Consecuentemente, nos encontramos ante esos supuestos excepcionales a los que se refiere el art. 74.3 del C.P cuando se trata de delitos contra la libertad sexual, en los que no obstante tratarse de ofensas a bienes eminentemente personales, cabe la continuidad delictiva, encontrándonos ante una progresión delictiva de las grabaciones realizadas por el procesado a la menor, lo que atendiendo a la naturaleza de los hechos y precepto vulnerado, es posible extenderla a los delitos de corrupción de menores del art. 189 del CP. Se cumple en el presente caso los requisitos que la jurisprudencia consolidada del Tribunal Supremo fija para considerar la continuidad delictiva como son: 1.- la pluralidad

> de hechos delictivos ontológicamente diferenciables, 2.- identidad de sujeto activo 3.- elemento subjetivo de ejecución de un plan preconcebido, con dolo conjunto y unitario o de aprovechamiento de idénticas situaciones en las que el dolo surge en cada concreta pero idéntica a las otras, 4.- homogeneidad en el modus operandi, uniformidad en las técnicas empeladas, 5.- elemento normativo de infracción de la misma o semejante norma penal 6.- una cierta conexidad espacio temporal (STS 1038/2004 de 21-9; 820/2005 de 23-6; 309/2006 de 16-3; 553/2007 de 18/6; y 8/2008 de 24-1 entre otras). Elementos todos ellos que se dan en el presente caso, pues se da la unidad del sujeto activo, el aprovechamiento de idénticas ocasiones, la cercanía temporal y espacial, pues todos los hechos ocurrieron en menos de un año, con cierta periodicidad y en lugares frecuentados por sujeto pasivo y activo".

Interpretación que, sin duda, favorece al condenado, sin perjuicio de que a la vista del número de hechos cometidos pueda imponerse desde la pena en su mitad superior a la superior en grado en su mitad inferior.

Por último, la sentencia absuelve al acusado de un delito de posesión de material pornográfico del que venía siendo acusado en tanto que no puede determinarse con certeza la edad de las personas que se veían en los vídeos propiedad del acusado.

De acuerdo con la Circular 2/15 de la Fiscalía General del Estado en la modalidad de utilización de menores para elaborar pornografía, debe plantearse cómo calificar la conducta de quien, participando en la elaboración del material pornográfico, distribuye posteriormente el material elaborado. La conducta habrá de calificarse exclusivamente conforme al art. 189.1 a), partiendo de que la ulterior acción de difusión habría de considerarse comprendida dentro de la fase de agotamiento.

En este sentido la STS de 2 de octubre de 2009:

> "En relación al delito de difusión de ese material —art. 189.1.b), es claro que con independencia de la doble acción de elaboración y difusión por la misma persona puede tenerse en cuenta a la hora de individualizar la pena, es claro que no puede penarse doblemente, dado que la difusión en este contexto vendría a ser el agotamiento del delito porque se elabora para difundir o —en su caso— para la exclusiva conservación y visionado. Por ello, la aplicación del párrafo b) del art. citado solo tiene autonomía cuando el distribuidor no es el que ha elaborado ese material, y lo mismo puede decirse del delito de mera posesión para uso propio, que solo tendría autonomía cuando el poseedor no es el elaborador del material. Solo cuando el delito de difusión tiene la autonomía que se predica es cuando surge como bien jurídico propio el de la protección de la indemnidad, dignidad y seguridad de la infancia en abstracto y por ello, como bien recuerda la Consulta de la Fiscalía General del Estado 3/2006, de 29 de noviembre, existirá un único delito, aunque aparezcan varios menores, porque en este delito, se protege, como se ha dicho el bien jurídico delictivo de la infancia como tal. Cuando en casos como el presente se da la identidad en el sujeto activo, solo cabe la sanción por el párrafo 1º del art. 189-1º, pues en el bien jurídico que protege el tipo ya tiene acogida el párrafo b), y por ello la respuesta penal cubre todo el campo de la antijuridicidad y culpabilidad".

V. Cuestiones procesales

V.1. CUESTIONES DE COMPETENCIA

Quisiera hacer un pequeño estudio de las cuestiones de competencia en tanto que son muy frecuentes en la práctica y, además, suponen una dilación en la tramitación de los procedimientos como consecuencia del trasiego de las causas de un órgano judicial a otro.

Sirva como ejemplo el siguiente caso:

Auto del TS de 8 de junio de 2018:

> "Getafe incoa Diligencias Previas por atestado de la Comisaría conteniendo denuncia de A., en la que exponía que había tenido conocimiento por llamada de su expareja y padre de su hija F., de 8 años de edad, que la menor cuando se encontraba de vacaciones en A Coruña en casa de sus abuelos paternos, en su cuenta de "Facebook", y por medio de su Tablet había tenido una conversación de tipo sexual y se había hecho fotos. Comprobando la denunciante, cuando su hija volvió de vacaciones, al revisar la Tablet de su hija, que había mantenido una conversación de contenido sexual explícito, y, mantenido videollamadas de varios minutos de duración, con un varón cuyo perfil es " DIRECCION000 ", apareciendo con fecha de nacimiento NUM000 /1978, y perteneciente a un grupo social en El Ejido (Almería). Getafe por auto de 17/10/17 se inhibe a La Coruña, por considerar que en dicha localidad se habían realizado los hechos objeto de la denuncia; correspondiendo al Juzgado nº6, que por auto de 13/11/17 rechaza la inhibición, al considerar que los hechos se descubrieron en A Coruña cuando la menor se encontraba transitoriamente de

> vacaciones, siendo DIRECCION001 el lugar de su domicilio habitual, y en que se comprobaron los hechos presuntamente delictivos. Getafe por auto de 2/11/18 se inhibe al Decano de Instrucción de El Ejido, al considerar que en dicha localidad tenía el domicilio el presunto autor de los hechos delictivos. Correspondiendo al nº1 que por auto de 24/10/17 rechaza la inhibición y Getafe nuevamente por auto de 2/2/18 se inhibe al Ejido, que tras incoar nuevas Diligencias Previas, por auto de 6/3/18 vuelve a rechazar la inhibición, al considerar que en virtud del principio de ubicuidad y utilidad ha de corresponder la competencia territorial al Juzgado de Getafe, dado que la menor víctima del delito reside en DIRECCION001, y allí están los dispositivos electrónicos que habría que analizar, existiendo mayor facilidad para la investigación y ser el Juzgado que primero ha comenzado a conocer de los hechos. Planteando Getafe esta cuestión de competencia negativa con La Coruña y El Ejido al considerar que en el partido judicial de Getafe no se ha realizado ningún elemento del delito, mientras que en A Coruña ocurren los hechos presuntamente delictivos y en DIRECCION002 se encuentra el presunto autor, por lo que se encuentra determinado el lugar de los hechos delictivos, sin que exista ninguna conexión con Getafe".

Podemos observar en el presente caso como los juzgados de Getafe que conocen del procedimiento en tanto que la denuncia se presenta en los mismos acuerda dos inhibiciones: primero una a favor de los juzgados de A Coruña puesto que los hechos tuvieron lugar cuando la menor se encontraba de vacaciones en la citada localidad y segundo, tras el rechazo por dicho órgano judicial, lo hace a favor de la localidad de El Ejido, lugar en el que al parecer podría residir el autor. También este juzgado rechaza la inhibición.

Lo que en pocas líneas se ha descrito, en la práctica son meses de traslados del procedimiento de un lugar a otro. Sin perjuicio de que el órgano judicial que se inhibe debe continuar con la tramitación de la causa hasta la resolución de la inhibición, lo que no en todas las ocasiones se realiza, en la actualidad otro factor entra en juego: el de los plazos de instrucción (art. 324 de la LECrim). Esas inhibiciones agotan parte de la instrucción y puede que el órgano judicial finalmente designado para el conocimiento de la causa lo primero que deba hacer con el procedimiento es acordar la prórroga del plazo de instrucción.

Afirma el TS:

> "En relación con el delito de corrupción de menores, esta Sala al resolver cuestiones de competencia ha tenido ocasión de pronunciarse, así en el auto de 25/4/12 decíamos que en los delitos a distancia, en que la actividad delictiva se desarrolla en un lugar y los efectos o resultados en otro distinto, el competente será el primero, ya que es la conducta o comportamiento castigado por la Ley y el lugar donde se realiza el que, según el art. 14 LECrim, debe contar para dilucidar la competencia. Pero, en casos de exhibicionismo o corrupciones de menores a través de la red, se ha considerado aplicable el criterio de la ubicuidad, aprobado por el Pleno no jurisdiccional de 3 de febrero de 2005, según el cual "El delito se comete en todas las jurisdicciones en las que se haya realizado algún elemento del tipo. En consecuencia, el juez de cualquiera de ellas que primero haya iniciado las actuaciones procesales será en principio competente para la instrucción de la causa", y así se ha declarado la competencia del Juzgado que cronológicamente había iniciado las diligencias (ver auto de 22/9/11, 2029/11 entre otros). En el caso que nos ocupa los hechos se denunciaron en DIRECCION001, lugar de residencia habitual de la menor víctima del delito, y donde se comprobaron, a través de la Tablet de la menor y de su cuenta de "Facebook", los presuntos hechos delictivos denunciados. El Juzgado de Getafe, fue

> el primero en iniciar la causa penal, y el que mayor facilidad tiene para investigar los hechos denunciados, por el examen de los aparatos electrónicos y la exploración de la menor víctima del delito. Por ello y conforme al art. 14.2 LECrim. a Getafe le corresponde la competencia".

El Tribunal Supremo aplica el principio de ubicuidad, que plasmó en un Pleno no Jurisdiccional de 3 de febrero de 2005. Un Pleno que quiso poner solución a las continuas cuestiones de competencia suscitadas entre los órganos judiciales. En principio, cualquier juzgado de un lugar en el que se ha producido algún elemento del delito, tiene competencia para su investigación. Una vez sentado este criterio establece que, si concurre más de uno, será competente el primero que hubiera iniciado sus actuaciones. Señala el acuerdo: "El delito se comete en todas las jurisdicciones en las que se haya realizado algún elemento del tipo. En consecuencia, el juez de cualquiera de ellas que primero haya iniciado las actuaciones procesales será en principio competente para la instrucción de la causa". En el caso que nos ocupa, señala que en Getafe reside la menor, allí tiene los medios tecnológicos que deberán ser analizados, y allí se interpuso la denuncia por lo que fue el primer órgano judicial en conocer de los hechos. Por ello atribuye la competencia a dicho órgano judicial.

Auto del TS de 8 de febrero de 2018:

> "De la exposición y testimonio recibidos se desprende que Madrid incoa Diligencias Previas por presunto delito de utilización de menores con fines pornográficos en relación a la IP NUM000. Tras acordar librar mandamiento judicial dirigido a la compañía Telefónica, a fin de que facilitaran cuantos datos dispusieran de los usuarios. Los datos facilitados del usuario que tiene contratada la conexión

> eran M., siendo incompleta la respuesta del proveedor al no aparecer en la misma los datos relativos al domicilio de dicho usuario, resultando ser el de Santa Cruz de Tenerife, ya que en el fichero del DNI del usuario aparece como residente en dicha localidad. Así al radicar el domicilio de la usuaria de la conexión a través de la cual se han distribuido imágenes de pornografía infantil en la localidad de Santa Cruz de Tenerife. Madrid por Auto de fecha 20/10/17 acuerda la inhibición a favor de Santa Cruz de Tenerife, siendo rechazada la misma por el Juzgado de Instrucción nº2 en resolución de fecha 31 de octubre de 2017, al estimar que los hechos por los que se siguen las presentes actuaciones no se han producido en ese partido judicial. Planteando Madrid con Santa Cruz de Tenerife esta cuestión de competencia negativa".

En este caso el Juzgado de Madrid, que comienza la investigación, tras ser informado de que el usuario de la cuenta en la que se distribuye pornografía infantil se encontraba en Santa Cruz de Tenerife, se inhibe a favor de los Juzgados de tal localidad.

Afirma el TS:

> "La cuestión de competencia negativa planteada debe ser resuelta como propugna el Ministerio Fiscal ante esta Sala a favor de Santa Cruz de Tenerife, nos encontramos con la investigación de delitos de pornografía infantil, consistentes en la tenencia y la distribución de material pornográfico a través de Internet mediante el empleo de programas informáticos de intercambio de archivos, donde reiteradamente venimos diciendo (ver autos de 11/4/13 cuestión de competencia 20057/13, de 18/12/13 cuestión de competencia 20524/13 y auto de 12/3/15 c de c 20932/14 entre otros), cada persona que distribuye, ofreciendo desde su ordenador la descarga de archivos de pornografía infantil, comete un delito, sin que la mera conexión informática suponga conexión delictiva, por lo que deben se-

> guirse procedimientos distintos correspondiendo la competencia a los Juzgados de los lugares en los que cada imputado haya desplegado su comportamiento. La conexidad del art. 17.2 de la LECrim, que podría determinar la aplicación de la regla de competencia del art. 18.1.2º de la citada Ley Procesal, únicamente sería apreciable, cuando se acreditara que ha mediado un concierto previo, entre los autores de las descargas, para la perpetración de la conducta delictiva, en distintos lugares y momentos. No es el caso que nos ocupa donde la investigada ha desplegado un comportamiento transgrediendo el tipo penal, art. 189 del Código Penal, por ello la competencia para la investigación de los hechos imputados al denunciado con domicilio en Santa Cruz de Tenerife corresponde a este juzgado (ver en igual sentido auto de 12/3/15)".

Uno de los principios básicos en la investigación de los delitos previstos en el art. 189 del Código Penal es que cada uno de los denunciados en un mismo atestado policial puede tramitarse en causa judicial independiente. Se trata de simplificar los procedimientos para obtener mayor celeridad. Además, es más cómodo para la práctica de diligencias procesales: en el lugar de residencia del autor se practicará normalmente la diligencia de entrada y registro, se tendrá que intervenir y extraer la información de los dispositivos electrónicos y deberá recibirse declaración judicial al investigado. Salvo casos excepcionales, la tramitación de un procedimiento no afecta al resto. Si varias personas se han intercambiado pornografía infantil no hay problema para que para cada uno de ellos se tramite un procedimiento diferente en los términos que hemos indicado. Lo mismo sucedería si en un atestado policial se recogiera varias personas que se dedicaran a la elaboración de material pornográfico que después colgaran en alguna página web. Otra cuestión sería si se infiriese la posible existencia de una organización o grupo criminal lo que exigiría su tramitación conjunta.

En este caso, siguiendo ese criterio, al tener la denunciada su domicilio en Santa Cruz de Tenerife, la Sala entiende que los órganos judiciales de la mentada localidad serían los competentes para la instrucción.

Auto de TS de 4 de octubre de 2017:

> "A raíz de las investigaciones llevadas a cabo por el Grupo II de Protección al Menor de la Brigada Central de Investigaciones Tecnológicas sobre redes anónimas de distribución e intercambio de archivos de pornografía infantil, y en concreto sobre la Red TOR y la utilización de la aplicación de mensajería instantánea WhatsApp para esos fines, se logró identificar los números de teléfono de varios usuarios con domicilio en diversas localidades dentro y fuera de España y entre ellos el de titularidad de JPV, residente en Zaragoza. El Juzgado de Zaragoza, receptor del atestado por medio de auto de 15-3-17 incoó las Diligencias Previas n°479/17 en relación con los hechos ocurridos en Zaragoza, si bien para no perjudicar la investigación accedió en virtud de auto de 23-3-17 a la solicitud del citado Grupo policial de autorizar entradas y registros en otras localidades. Por auto de 7-4-17 se ordenó con toda corrección la formación de las oportunas piezas separadas y la inhibición a favor de los correspondientes Juzgados al amparo de lo dispuesto en el art. 17 LECrim. El n°2 de Badajoz mediante auto de 27-4-17 rechazó la inhibición por los hechos atribuidos a un usuario con domicilio en esa ciudad "al existir unidad objetiva, subjetiva y causal a la causa original del juzgado remitente". Promueve el Juzgado de Zaragoza esta cuestión de competencia negativa".

Como acabamos de indicar, lo que hizo el Juzgado de Instrucción de Zaragoza es lo que correspondía puesto que mantuvo su competencia respecto del denunciado que residía en su partido judicial y expidió testimonio del resto para que cada uno de los Juzgados del resto de localidades conociera de los suyos. Sin perjuicio de que, como es acertado y recomendable, acordara las distintas diligencias de entrada y registro porque si no se realizan las mismas de forma más o menos simultánea resultarán infructuosas las últimas puesto que los autores podrían tener conocimiento de otras que se hubiesen acordado con anterioridad pudiendo frustrar su finalidad.

En ese sentido resolvió la Sala:

> "La cuestión debe ser resuelta como propugna el Ministerio Fiscal ante esta Sala a favor del Juzgado de Badajoz. Estamos ante delitos de pornografía infantil consistentes en la tenencia y/o distribución de material pornográfico a través de Internet (programas informáticos de intercambio de archivos) o de mensajería instantánea (Whassapp). Reiteradamente venimos diciendo (ver autos de 11/4/13 cuestión de competencia 20057/13, de 18/12/13 cuestión de competencia 20524/13 y auto de 1213/15 c de c 20932/14 entre otros) que cada persona que distribuye, ofreciendo desde su terminal la descarga de archivos de pornografía infantil, comete un delito. La mera conexión informática no equivale a la conexidad procesal que, además, hoy, tras la reforma de los arts. 300 y 17 LECrim, queda supeditada a otros factores (agilidad de la investigación y evitación de dilaciones). Deben seguirse procedimientos distintos. Corresponde la competencia a los Juzgados de los lugares en los que cada imputado haya desplegado su comportamiento. La conexidad del art. 17.2 de la LECrim que podría determinar —aunque no imperativamente— la acumulación únicamente sería apreciable cuando se acreditara que ha mediado un concierto previo, entre los autores de las descargas para la perpetración de la conducta delictiva, en distintos lugares y momentos. No es

el caso. Cada uno de los imputados ha desplegado un comportamiento que, transgrediendo el mismo tipo penal, (art. 189 del Código Penal), no converge ni en la acción ni en el resultado con los restantes, por cometerse en distintos lugares y momentos y con independencia de que se trate del mismo archivo de pornografía infantil. Por ello la competencia para la investigación de los hechos imputados al denunciado con domicilio en Badajoz corresponde a este juzgado (art. 14.2 LECrim)".

V.2. INVESTIGACIÓN

a) La I.P.

La investigación de este tipo de delitos tiene dos fases bien diferenciadas: por una parte, la identificación del terminal desde el que se ha cometido el delito (fase de investigación que podríamos denominar "informática o telemática") y por otra parte la identificación del usuario del terminal (fase de investigación que podríamos llamar "clásica").

La primera suele tener su origen en la determinación de la I.P. IP significa "Internet Protocol" y es un número que identifica un dispositivo en una red (un ordenador, una impresora, un router). Estos dispositivos al formar parte de una red serán identificados mediante un número IP único en esa red. La dirección IP está formada por 4 números de hasta 3 cifras separados por un punto.

La IP identifica un equipo (no a su usuario), por lo que su obtención no requiere la intervención judicial, ya que se convierte en un dato público desde el momento en el que el usuario accede a la red. Por lo tanto, la policía puede averiguar a qué compañía se ha asignado esa IP, pero sí será necesaria la autorización judicial para obtener de la operadora datos sobre la identidad del usuario (abonado) a la que la operadora ha asignado dicha IP, pues ello afecta al derecho a la intimidad personal.

La STS de 9 de mayo de 2008 señaló que:

> "No se precisa de autorización judicial para conseguir lo que es público y el propio usuario de la red es quien lo ha introducido en la misma. La huella de la entrada queda registrada siempre y ello lo sabe el usuario. Consecuentemente quien utiliza un programa P2P, en nuestro caso Emule, asume que muchos de los datos se convierten en públicos para los usuarios de Internet, circunstancia que conocen o deben conocer los internautas, y tales datos conocidos por la policía, datos públicos en Internet, no se hallaban protegidos por el art. 18.1 ni por el 18.3 CE".

Cosa distinta es conocer a qué abonado corresponde un determinado número I.P. Para ello deberá oficiarse a las compañías operadores de telefonía. Tras un periodo de falta de concreción sobre este extremo se concluyó que era necesaria autorización judicial.

El Pleno no jurisdiccional del TS aprobó el 23 de febrero de 2010 el siguiente acuerdo: "Es necesaria la autorización judicial para que los operadores que prestan servicios de comunicaciones electrónicas o de redes públicas de comunicación cedan los datos generados o tratados con tal motivo. Por lo cual, el Ministerio Fiscal precisará de tal autorización para obtener de los operadores los datos conservados que se especifican en el art. 3 de la Ley 25/2007 de 18 de octubre".

Criterio de ha quedado fijado de forma clara y reiterada por la Jurisprudencia del Tribunal Supremo.

No obstante, no podemos dejar de señalar la STS (Sección Sexta de la Sala de lo contencioso-administrativo) de fecha 3 de octubre de 2014, por la que establece una interesante doctrina sobre la consideración de las claves IP, a efectos de la protección de datos de carácter personal.

La sentencia estima, con base en la STJUE de 24 de noviembre de 2011 (asuntos acumulados C-468/10 y C-469/10, caso ASNEF), que las direcciones IP son datos personales, en el sentido del artículo 3.a) LOPD y, como tales, se encuentran protegidos por las garantías establecidas por dicho texto legal para su tratamiento. Al no producirse la imposibilidad de informar a los interesados del tratamiento de sus direcciones IP, ni exigir dicho trámite un esfuerzo desproporcionado al obligado al mismo, no concurren los motivos exigidos para aplicar la exención del deber de informar al interesado del tratamiento de sus datos. Además, no cabe presumir, de forma segura e indudable, tal como exige el artículo 6 de la LOPD que los interesados han otorgado su consentimiento para el tratamiento de sus datos por el hecho de conectarse a una red P2P. El hecho de que un usuario de red P2P conozca que su dirección IP es visible y puede ser conocida, no significa que acepte de forma inequívoca su uso y tratamiento por terceros, ni que consienta de forma específica el tratamiento de sus datos que pretende la parte recurrente. Por tanto, no puede equipararse el conocimiento por el titular de que su dirección IP es visible en las redes P2P, con su consentimiento para su tratamiento automatizado junto con otros datos de su tráfico.

En todo caso la cuestión queda regulada de forma expresa tras la reforma operada por LO 13/2015, de 5 de octubre, de modificación de la Ley de Enjuiciamiento Criminal para el fortalecimiento de las garantías procesales y la regulación de las medidas de investigación tecnológica, que ha introducido el artículo 588 ter k:

> "Cuando en el ejercicio de las funciones de prevención y descubrimiento de los delitos cometidos en internet, los agentes de la Policía Judicial tuvieran acceso a una dirección IP que estuviera siendo utilizada para la comisión algún delito y no constara la identificación y localización del equipo o del dispositivo de conectividad correspondiente ni los datos de identificación personal del usuario, solicitarán del juez de instrucción que requiera de los agentes sujetos al deber de colaboración según el artículo 588 ter e, la cesión de los datos que permitan la identificación y localización del terminal o del dispositivo de conectividad y la identificación del sospechoso".

Pero una vez hemos llegado hasta un determinado terminal (I.P.) y tenemos identificado a su titular, falta averiguar si los hechos han sido cometidos por esa persona o por otra que utilice ese medio informático. Y en este momento comienza lo que he denominado "investigación tradicional".

Pondré un ejemplo. En un asunto de distribución de pornografía infantil la policía nos llevó a un determinado domicilio (tras haber investigado los datos del titular de la IP de la que supuestamente se estaba produciendo el intercambio) pero la titular de esa IP era una señora octogenaria de la que se presumía pocos conocimientos informáticos y que no daba el perfil propio de los autores de este delito.

La policía, entonces, desarrolló una vigilancia sobre ese domicilio y pudo descubrir que un día a la semana su nieto la visitaba y comía con ella haciendo uso del ordenador personal desde el que producían las descargas ilícitas. De ese modo se descubrió y se detuvo al autor de los hechos.

Solo hay que imaginar los problemas que se suscitan cuando la IP nos lleva a un lugar público en el que de forma abierta se pueda acceder a medios informáticos. O a un piso que compartan cuatro amigos y que utilicen el mismo ordenador.

Recuerdo un caso de descarga de pornografía infantil en el que finalmente se llegó a un domicilio que compartían varias personas y todas utilizaban un ordenador que había en una habitación común. Los usuarios no utilizaban contraseña. No hubo forma de descubrir al autor de los hechos. Finalmente se acordó el sobreseimiento provisional del artículo 641.2 de la Ley de Enjuiciamiento Criminal.

Otro de los grandes problemas que se ha planteado en la investigación de estos delitos respecto de la I.P. es la cuestión relativa de los locutorios de telefonía y cibercafés.

En un principio estos establecimientos no identificaban a los usuarios de los medios telemáticos y se limitaban a cobrarles por el uso de los ordenadores por ello cuando en una investigación se llegaba a un locutorio normalmente suponía el fin la misma al no poder identificar al usuario concreto que había perpetrado los hechos.

Ya en un primer momento fueron objeto de regulación aquellos locales que también se dedicaban al envío de dinero al extranjero. Los locutorios que lo ofrecían quedaron sujetos a lo recogido en el artículo 2 de la Ley 10/2010 de Blanqueo de Capitales y Financiación del Terrorismo, a los que se refiere por ejercer de manera profesional una persona física o jurídica labores de cambio de moneda, y por los servicios de transferencia o movimiento de dinero. Esta consideración implicaba que era su obligación identificar de manera fehaciente a sus clientes, así como la obligatoriedad de conservación de la documentación derivada del proceso y presentarla a la autoridad competente en el caso de ser requerida.

La Ley Orgánica 4/2015, de 30 de marzo, de protección de la seguridad ciudadana, dispone en su artículo 25.1:

> "Las personas físicas o jurídicas que ejerzan actividades relevantes para la seguridad ciudadana, como las de hospedaje, transporte de personas, acceso comercial a servicios telefónicos o telemáticos de uso público mediante establecimientos abiertos al público, comercio o reparación de objetos usados, alquiler o desguace de vehículos de motor, compraventa de joyas y metales, ya sean preciosos o no, objetos u obras de arte, cerrajería de seguridad, centros gestores de residuos metálicos, establecimientos de comercio al por mayor de chatarra o productos de desecho, o de venta de productos químicos peligrosos a particulares, quedarán sujetas a las obligaciones de registro documental e información en los términos que establezcan las disposiciones aplicables".

En el momento actual es preciso que los usuarios se identifiquen con su DNI, NIE, pasaporte u otro documento de identificación personal. Además, mediante el control informático puede determinarse de forma exacta las horas de inicio y finalización de la sesión de cada usuario por lo que, si se cumple la normativa, no hay obstáculo para la identificación del autor.

Sin embargo, no todos los problemas se han solucionado con esta nueva regulación. El primer problema es que el perfil medio del cliente de locutorio corresponde por lo general a un ciudadano extranjero que acude habitualmente a un local regentado por personas de su misma nacionalidad. Esto provoca que, con el tiempo, se conviertan en asiduos a uno concreto, por lo que las medidas de identificación se vuelven más laxas. El segundo problema al que se enfrentan los locutorios es el servicio prestado a los inmigrantes que han establecido su residencia en nuestro país a través de cauces no legales. Algunas de estas personas pueden recurrir a estos establecimientos para ponerse en contacto con sus familiares o, en el peor de los casos, realizar operativas sospechosas, valiéndose de documentación fraudulenta o simplemente aprovechándose de la confianza que sus compatriotas regentes les brindan[60].

Pero es que además existen formas de ocultar la IP, lo que se conoce como navegar en internet con una IP anónima. Se utiliza un proxy o una red privada virtual que hacen de intermediario entre tu ordenador e Internet. El autor se conecta a un servidor y ese servidor se conecta a Internet con su propia dirección IP. Todos sus movimientos se registran con esa dirección IP virtual, que no es la suya real, así que nadie puede identificarle, salvo que se acuda al servidor y se le exija mediante resolución judicial, que identifique quien usó esa IP en un momento determinado.

Otra posibilidad es usar "Tor", un popular sistema de anonimato que lleva muchos años en funcionamiento. "Tor" es una red de enrutamiento que oculta los movimientos en la red al replicarlos por multitud

---

60 Fuente: Página web FOXid.

de servidores que forman la red “Tor”. Tus datos pasan por muchos servidores diferentes antes de salir a Internet, lo que hace casi imposible rastrear su origen. Además, toda la información está encriptada. La forma más cómoda de usar Tor es emplear el navegador Tor, que se conecta automáticamente a la red de anonimato y oculta la dirección IP y los lugares que se visitan[61].

Como es lógico todo ello son obstáculos para la investigación e identificación de los autores que cometen sus delitos a través de Internet.

b) La conservación de datos

Otra cuestión de interés en la investigación es la necesidad de conservar los datos informáticos en tanto que, como hemos indicado con anterioridad, las investigaciones son largas en el tiempo y ello pude hacer que cuando solicitemos datos electrónicos de interés en una investigación, no se encuentren ya disponibles porque las operadoras o servidores ya no tengan obligación de su conservación y hayan procedido a su eliminación.

En la actualidad la cuestión se encuentra regulada en el artículo 588 *octies* de la Ley de Enjuiciamiento Criminal:

> "El Ministerio Fiscal o la Policía Judicial podrán requerir a cualquier persona física o jurídica la conservación y protección de datos o informaciones concretas incluidas en un sistema informático de almacenamiento que se encuentren a su disposi-

---

61 Consulta realizada en la página web “Computer hoy”. El artículo lleva por título: Cómo ocultar tu dirección I.P.

> ción hasta que se obtenga la autorización judicial correspondiente para su cesión con arreglo a lo dispuesto en los artículos precedentes.
>
> Los datos se conservarán durante un periodo máximo de noventa días, prorrogable una sola vez hasta que se autorice la cesión o se cumplan ciento ochenta días.
>
> El requerido vendrá obligado a prestar su colaboración y a guardar secreto del desarrollo de esta diligencia, quedando sujeto a la responsabilidad descrita en el apartado 3 del artículo 588 ter e".

Es de destacar que la petición de conservación puede ser acordada por el Fiscal o por la Policía Judicial y que la autorización judicial solo devendrá imprescindible cuando se decrete la cesión de esos datos. Y es una medida de gran relevancia pues impedirá, por un máximo de 180 días, la eliminación de unos datos que frustrarían la investigación.

Respecto de la cesión de los datos, como ya hemos anticipado, el artículo 588 ter j de la LECrim dispone:

> "1. Los datos electrónicos conservados por los prestadores de servicios o personas que faciliten la comunicación en cumplimiento de la legislación sobre retención de datos relativos a las comunicaciones electrónicas o por propia iniciativa por motivos comerciales o de otra índole y que se encuentren vinculados a procesos de comunicación, solo podrán ser cedidos para su incorporación al proceso con autorización judicial.
>
> 2. Cuando el conocimiento de esos datos resulte indispensable para la investigación, se solicitará del juez competente autorización para recabar la información que conste en los archivos automatizados de los prestadores de servicios, incluida la búsqueda entrecruzada o inteligente de datos, siempre que se precisen la naturaleza de los datos que hayan de ser conocidos y las razones que justifican la cesión".

Es necesaria la autorización judicial.

Finalizaremos esta cuestión con el dato de que no es precisa la autorización judicial para la identificación de los terminales mediante la captación de códigos de identificación del aparato o sus componentes (artículo 588 ter l) de la LECrim) ni para la identificación de titulares o terminales o dispositivos de conectividad (artículo 588 ter m) de la LECrim).

c) *Registro remoto sobre equipos informáticos*

Otra de las novedades introducidas por la L.O. 13/2015, de 5 de octubre, de modificación de la Ley de Enjuiciamiento Criminal para el fortalecimiento de las garantías procesales y la regulación de las medidas de investigación tecnológica, es la regulación del registro remoto sobre equipos informáticos. Huelga decir la gran utilidad práctica de este medio de investigación en el delito objeto de estudio, la posibilidad de acceder de forma remota y sin conocimiento del titular a su equipo informático y poder visualizar los archivos, imágenes, conversaciones y demás material relevante para la investigación.

Dos son las cuestiones que me gustaría anticipar: el fuerte grado de intromisión en la esfera privada del investigado que conlleva esta medida lo que, a mi entender, precisa de una motivación reforzada tanto en su solicitud como en su adopción; y por otro la gran dificultad práctica que conlleva su puesta en funcionamiento. En el tiempo en que ejercí mis funciones en la sección de Criminalidad Informática de Valencia no conocí ningún supuesto de registro remoto.

El artículo 588 *septies* ya dispone:

> "1. El juez competente podrá autorizar la utilización de datos de identificación y códigos, así como la instalación de un software, que permitan, de forma remota y telemática, el examen a distancia y sin conocimiento de su titular o usuario del contenido de un ordenador, dispositivo electrónico, sistema informático, instrumento de almacenamiento masivo de datos informáticos o base de datos, siempre que persiga la investigación de alguno de los siguientes delitos:
>
> a) Delitos cometidos en el seno de organizaciones criminales.
>
> b) Delitos de terrorismo.
>
> c) Delitos cometidos contra menores o personas con capacidad modificada judicialmente.
>
> d) Delitos contra la Constitución, de traición y relativos a la defensa nacional.
>
> e) Delitos cometidos a través de instrumentos informáticos o de cualquier otra tecnología de la información o la telecomunicación o servicio de comunicación".

En este primer apartado ya se vislumbra la entidad de este medio de investigación. Solo factible su adopción para la investigación de alguno de los delitos comprendidos en su apartado primero. Ningún problema nos encontraríamos para la investigación del delito del art. 189.1 a) del Código Penal puesto que tendría encaje tanto en la letra c) delitos cometidos contra menores de edad o personas con discapacidad; como en el apartado e) delitos cometidos a través de instrumentos informáticos o de cualquier otra tecnología de la información o la telecomunicación o servicio de comunicación.

El modo más frecuente de utilización será la instalación de un software en el equipo del investigado que permita su control remoto. Lógicamente el primer problema con el que nos encontraremos será el acceso a ese equipo sin que el autor lo descubra. Pero aún hay otra dificultad, ya que, una vez instalado, tendrá que quedar oculto para no ser descubierto por el autor mediante un antivirus o alguna otra medida de seguridad.

> "2. La resolución judicial que autorice el registro deberá especificar:
>
> a) Los ordenadores, dispositivos electrónicos, sistemas informáticos o parte de los mismos, medios informáticos de almacenamiento de datos o bases de datos, datos u otros contenidos digitales objeto de la medida.
>
> b) El alcance de la misma, la forma en la que se procederá al acceso y aprehensión de los datos o archivos informáticos relevantes para la causa y el software mediante el que se ejecutará el control de la información.
>
> c) Los agentes autorizados para la ejecución de la medida.
>
> d) La autorización, en su caso, para la realización y conservación de copias de los datos informáticos.
>
> e) Las medidas precisas para la preservación de la integridad de los datos almacenados, así como para la inaccesibilidad o supresión de dichos datos del sistema informático al que se ha tenido acceso".

Puede observarse la rigidez de los requisitos que ha de contener la resolución judicial habilitante. Ya hemos anticipado que se trata de una medida altamente intrusiva en la intimidad del investigado y su petición y adopción debe estar muy motivada.

Su apartado 3 dispone:

> "Cuando los agentes que lleven a cabo el registro remoto tengan razones para creer que los datos buscados están almacenados en otro sistema informático o en una parte del mismo, pondrán este hecho en conocimiento del juez, quien podrá autorizar una ampliación de los términos del registro".

Y respecto de su duración la medida tendrá una duración máxima de un mes, prorrogable por iguales períodos hasta un máximo de tres meses (artículo 588 septies c de la LECrim). La duración de la medida está acorde al grado de sacrificio del derecho del investigado, se autorizará por un mes y solo podrá prorrogarse hasta un máximo de tres.

d) El agente encubierto informático

Esta medida se encuentra regulada en el art. 282 bis 6 y 7 de la LECrim:

> "El juez de instrucción podrá autorizar a funcionarios de la Policía Judicial para actuar bajo identidad supuesta en comunicaciones mantenidas en canales cerrados de comunicación con el fin de esclarecer alguno de los delitos a los que se refiere el apartado 4 de este artículo o cualquier delito de los previstos en el artículo 588 ter a.
>
> El agente encubierto informático, con autorización específica para ello, podrá intercambiar o enviar por sí mismo archivos ilícitos por razón de su contenido y analizar los resultados de los algoritmos aplicados para la identificación de dichos archivos ilícitos.
>
> 7. En el curso de una investigación llevada a cabo mediante agente encubierto, el juez competente podrá autorizar la obtención de imágenes y la grabación de las conversaciones que puedan mantenerse en los encuentros previstos entre el agente y el investigado, aun cuando se desarrollen en el interior de un domicilio".

Tampoco en el desarrollo de mi actividad profesional he encontrado, hasta el momento, un supuesto de agente informático encubierto. Al menos en el ámbito teórico también, como la medida anterior, se presenta como un medio muy relevante de investigación pues supone introducir en el mundo "virtual" el clásico agente encubierto del mundo "real". Específicamente para este tipo de delitos entendemos que tendrá su mayor operatividad. Imaginemos a un agente encubierto en una red de intercambio de material pornográfico sobre menores o personas con discapacidad. Por ello de forma expresa el precepto se refiere a la posibilidad de que el agente sea autorizado para el intercambio de archivos de contenido ilícito puesto que no resultaría creíble un miembro de una red de ese tipo que se limitase a recibir material sin aportar nada a cambio. Obviamente, sin estar autorizado, podría estar cometiendo un delito del artículo 189 del Código Penal. Por último, incluso se puede autorizar al agente a que grabe conversaciones producidas entre los miembros del grupo lo que tendrá una gran importancia para determinar la posible participación criminal de cada uno de sus integrantes.

V.3. DECLARACIÓN JUDICIAL DEL INVESTIGADO Y DILIGENCIA DE ENTRADA Y REGISTRO

Debemos resaltar una cuestión práctica de suma importancia y es que la declaración judicial del investigado debe realizarse con posterioridad a la diligencia de entrada y registro. Es esencial saber el resultado de la diligencia para conocer la relevancia penal de los hechos, pero sobre todo porque si se recibiera declaración judicial al investigado y luego se practicase la citada diligencia el resultado sería normalmente infructuoso porque el denunciado podría borrar o destruir todo los archivos, vídeos o imágenes que tuviera en su ordenador o dispositivo electrónico. Lo hemos podido observar en algunos casos de disfunción en la tramitación de los procedimientos (deducciones de testimonios) como así ha ocurrido cuando se ha recibido el procedimiento con la declaración del investigado negando los hechos y sin que se hubiera practicado la diligencia de entrada y registro. Sobra decir el resultado negativo de tal diligencia efectuada con posterioridad.

En la declaración judicial es importante intentar concretar el grado de conocimientos informáticos que tiene el investigado pues para algunos extremos ese grado de conocimiento será indicio o contra indicio de la realización de alguna conducta (por ejemplo, de la distribución a terceras personas en las redes "peer to peer").

a) La diligencia de entrada y registro

La LECrim regula en su Título VIII del Libro II "De la entrada y registro en lugar cerrado, del de libros y papeles y de la detención y apertura de la correspondencia escrita y telegráfica". Pese a que la LECrim engloba en su enunciado ambas figuras se trata de dos diligencias distintas, la entrada en lugar cerrado y el registro del mismo. Con un criterio más acertado al distinguir ambas diligencias el art. 18.2 CE señala: "El domicilio es inviolable. Ninguna entrada o registro podrá hacerse en él sin consentimiento del titular o resolución judicial, salvo en caso de flagrante delito".

Como afirma Ortells[62] la entrada es un medio instrumental para practicar medidas cautelares privativas de libertad (detención o prisión), para la adquisición de fuentes de investigación y de prueba, y para practicar reconocimientos de lugares adecuados para el

---

62 ORTELLS RAMOS, M.; MONTERO AROCA, J.; GOMEZ COLOMER, J.L.; MONTÓN REDONDO, A.: *Derecho Jurisdiccional III. Proceso Penal.* Barcelona, 1994, pág. 181.

conocimiento de los hechos de un proceso penal. Sin embargo, registrar, como señala Hinojosa Segovia[63], es observar, examinar minuciosamente algo para encontrar y, en su caso, recoger lo que pueda estar oculto. El objeto del registro será *efectos o instrumentos del delito, o libros, papeles u otros objetos que puedan servir para su descubrimiento y comprobación* (art. 546 LECrim).

El Tribunal Supremo entiende el domicilio como el espacio físico en el que el individuo desarrolla las actividades más íntimas y privadas de su personalidad (STS 874/06, de 18 de junio). En la STS 1219/05, de 17 de octubre, lo define como "cualquier lugar cerrado en el que pueda transcurrir la vida privada, individual o familiar, aún ocupado temporal o accidentalmente".

Por su parte el Tribunal Constitucional en su Sentencia 137/85, de 17 de octubre, lo define como "el espacio en el cual el individuo vive sin estar sujeto necesariamente a los usos y convenciones sociales y ejerce su libertad más íntima".

Teniendo en cuenta la importancia de esta diligencia en la investigación del delito cuyo estudio nos ocupa, no podemos olvidar que prácticamente en todas las investigaciones se producirá la ocupación de elementos informáticos que deberán ser analizados y en la mayor parte de las ocasiones estos efectos se encontrarán en el domicilio del autor por lo que es imprescindible respetar con rigor los requisitos legales y jurisprudenciales en su práctica para evitar futuras nulidades.

---

63 HINOJOSA SEGOVIA, R., *La diligencia de entrada y registro en lugar cerrado en el proceso penal,* Madrid, 1996, pág. 45.

Ningún problema existirá cuando el titular consienta en que se practique la diligencia de entrada y registro.

STS 628/02, de 12 de abril:

> "Acreditado el consentimiento del titular de la vivienda se está ante la primera y esencial de las excepciones a la inviolabilidad del domicilio, contemplada en el artículo 18.2 de la Constitución Española pues renunciándose a tal derecho con la prestación del consentimiento se hace innecesaria la autorización judicial ni la presencia del fedatario judicial (Sentencia del Tribunal Supremo de 4 de febrero de 1994) y como declaran las Sentencias de esta Sala de 17 de febrero de 1997 y 27 abril de 1998 "si es prestado libre y espontáneamente enerva cualquier irregularidad procesal que se quiera argüir de contrario". En el presente caso consta que el Auto judicial de entrada y registro le fue notificado al interesado en su domicilio, y consta también que enterado de ello no se opuso a la entrada y facilitó la práctica de la diligencia, tal y como se hizo constar expresamente en el Acta; de modo que consintió el registro, pues la doctrina de esta Sala (Sentencias de 17 de enero y 7 de marzo de 1997, entre otras) viene declarando que "se entenderá que presta su consentimiento aquél que, requerido por quien hubiere de efectuar la entrada y registro, ejecuta por su parte los actos necesarios que de él dependan para que el mismo pueda tener efecto sin entonces poder invocar la inviolabilidad que la Constitución Española ampara. El consentimiento o la conformidad implica un estado de ánimo concreto en virtud del cual la persona interesada, ante la situación también concreta que las circunstancias le presentan, accede al registro porque soporta, permite, tolera y otorga, inequívocamente, que ese acto tenga lugar. Se trata en suma de una aprobación, una aquiescencia, un asentimiento, una licencia o una venia que soslaya cualquier otra exigencia procedimental". Y en este caso tal consentimiento se prestó por el interesado que no se opuso a la entrada en su vivienda y facilitó la práctica de la diligencia de registro".

Ahora bien, el registro domiciliario que se realiza con el consentimiento del detenido cuando prestó el consentimiento sin la asistencia de su letrado es nulo. Es decir, si el titular se encuentra detenido, para prestar el consentimiento será necesario que se encuentre asistido de letrado.

STS 1080/05, de 29 de septiembre:

> "Conforme a la jurisprudencia de esta Sala —cfr. Sentencia de 2 de julio de 1993—, que la asistencia técnica jurídica es necesaria para que preste declaración, conforme al artículo 520.2 d), lo que incluye también que será preciso tal asesoramiento, antes de otorgar el consentimiento, respecto al registro policial en su domicilio, y por tanto, que el mismo se conceda, después de que un Letrado le asesore debidamente. Y esta falta de asistencia del Abogado, constituye una vulneración del artículo 17.3 de la Constitución Española, con los efectos previstos en el artículo 11.1 de la Ley Orgánica del Poder Judicial, esto es, la ineficacia total de dicho consentimiento y por tanto, la imposibilidad de conferir validez al resultado de la entrada y registro efectuado, sin perjuicio de la posibilidad de acreditar por otros medios, lo que se descubrió en el registro, cuya diligencia, debe ser radicalmente nula".

En el mismo sentido las SSTS 1401/94, de 8 de julio y 174/96, de 26 de febrero.

Delito flagrante:

ATS 704/05, de 28 de abril:

> "La tantas veces citada S.T.C. 341/93, de 18/11, que declara la inconstitucionalidad del artículo 21.2 L.O.P.C. (Ley Orgánica de Protección Ciudadana), constituye el punto de partida para definir el alcance de la flagrancia como supuesto verdaderamente excepcional previsto en el artículo 18.2 C.E. en sede de inviolabilidad del domicilio, acudiendo a "la arraigada imagen de la flagrancia como situación fáctica en

la que el delincuente es sorprendido —visto directamente o percibido de otro modo— en el momento de delinquir o, en circunstancias inmediatas a la perpetración del ilícito", no asumiendo como definitivas las formulaciones legales presentes en nuestro Ordenamiento hasta la L.O. 7/88, de 28/12, que suprimió la definición legal incorporada al artículo 779 LECrim., deduciéndose la presencia de las dos siguientes notas: evidencia del delito y urgencia de la intervención policial, cuidándose de matizar que esta última no es por sí sola flagrancia. Pues bien, dicho alcance también está presente en el lenguaje común, no necesariamente técnico, y, así, el Diccionario de la R.A.E. se refiere a lo flagrante como adjetivo que expresa "que se está ejecutando actualmente", "de tal evidencia que no necesita pruebas" y en flagrante como modo adverbial que quiere decir "en el mismo momento de estarse cometiendo un delito, sin que el autor haya podido huir". El Diccionario del Español Actual se refiere a estarse "ejecutando en el momento en que se habla" y a ser "cosa muy evidente e innegable". En síntesis, actualidad e inmediatez del hecho y percepción directa y sensorial del mismo, lo que excluye la sospecha, conjetura, intuición o deducciones basadas en ello."

Autorización judicial:

De forma resumida la STS 1019/05, de 12 de septiembre, establece los requisitos de la diligencia de entrada y registro:

"a) El art. 18.2 de la C.E. permite la entrada en el domicilio de un particular sin su consentimiento, con autorización judicial.

b) Las normas de la L.E.Cr. exigen que la autorización judicial se plasme en auto motivado (art. 550 y 558 L.E.Cr.) y que se funde en la existencia de indicios, de que en el domicilio se halle el responsable del delito, o efectos o instrumentos de éste, o libros, papeles u otros objetos que puedan servir para su

> descubrimiento o comprobación, según previene el art. 546 de la citada Ley.
>
> c) La doctrina constitucional y jurisprudencial exige para la procedencia de la autorización judicial de registro que concurran sospechas fundadas en datos objetivos de la comisión de un delito, y de que en el domicilio a registrar pueda hallarse el autor de la infracción criminal o efectos, instrumentos o pruebas de la misma resultando necesaria por ello la diligencia de registro para la averiguación y constancia de datos acreditativos de los hechos delictivos, habiendo entendido el Tribunal Constitucional y esta Sala, que resulta proporcionado el registro cuando el delito a investigar sea de tráfico de drogas, dado el gran daño a la salud de los ciudadanos que tal tipo de infracciones origina, y las secuelas que acarrean; y también han entendido la doctrina constitucional y la jurisprudencia que los autos autorizando los registros domiciliarios han de ser motivados, lo que es una exigencia de tutela judicial efectiva, que se cumple con la expresión de los elementos individualizadores del caso y las líneas generales del razonamiento, pudiendo entenderse también motivada la resolución, si se reproducen los términos del oficio policial de solicitud de autorización, o el auto se remite al mismo, si de las afirmaciones de la petición se deduce que concurrieron las sospechas fundadas en datos objetivos de la realización de un actividad delictiva (STS de 6 de noviembre de 2002)".

Ahora bien, la entrada y registro suele ser el paso previo a la intervención y ulterior análisis de los medios telemáticos que se encuentren. Hasta le reforma operada por LO 1/15 la práctica forense actuaba en general de dos maneras: o bien acordaba la entrada y registro y, tras la intervención de los efectos, acordaba luego su volcado y análisis, o bien en el mismo auto habilitante de la entrada y registro acordaba la ocupación y análisis de los efectos.

Tras la reforma operada en la Ley de Enjuiciamiento Criminal en el año 2015 se regula de forma expresa:

Artículo 588 *sexies* a:

> "1. Cuando con ocasión de la práctica de un registro domiciliario sea previsible la aprehensión de ordenadores, instrumentos de comunicación telefónica o telemática o dispositivos de almacenamiento masivo de información digital o el acceso a repositorios telemáticos de datos, la resolución del juez de instrucción habrá de extender su razonamiento a la justificación, en su caso, de las razones que legitiman el acceso de los agentes facultados a la información contenida en tales dispositivos.
>
> 2. La simple incautación de cualquiera de los dispositivos a los que se refiere el apartado anterior, practicada durante el transcurso de la diligencia de registro domiciliario, no legitima el acceso a su contenido, sin perjuicio de que dicho acceso pueda ser autorizado ulteriormente por el juez competente".

Y de igual forma que con anterioridad, se mantienen las dos posibilidades, a saber, autorizar en una misma resolución ambas diligencias de investigación o bien autorizar el registro domiciliario y después el de los medios informáticos. Ahora bien, lo que no es posible es ampararse en la autorización para la entrada y registro respecto del acceso al contenido de los medios que se encuentren en dicha diligencia.

¿Es necesario que para en el volcado de la información contenida en los medios informáticos esté presente el Letrado de la Administración de Justicia?

Veamos lo que dice el Tribunal Supremo:

STS de 15 de noviembre de 1999:

> "...en lo que se refiere a lo que se denomina «volcaje de datos», su práctica se llevó a cabo con todas las garantías exigidas por la ley. En primer lugar, la entra-

> da y registro se realizó de forma correcta y con la intervención del secretario judicial que cumplió estrictamente con las previsiones procesales y ocupó los tres ordenadores, los disquetes y el ordenador personal. Lo que no se puede pretender es que el fedatario público esté presente durante todo el proceso, extremadamente complejo e incomprensible para un profano, que supone el análisis y desentrañamiento de los datos incorporados a un sistema informático".

STS, 256/2008, de 14 de mayo:

> "Es cierto que esta última actividad no fue practicada ante el secretario judicial, sino por los técnicos policiales en su propia sede. Pero también lo es que, como razona la Audiencia, esa presencia que se reclama habría sido, de facto, tan inútil —y, por tanto, innecesaria— como la que pudiera darse en el desarrollo de cualquier otra de las muchas imaginables en cuya técnica el fedatario judicial no fuera experto. Por eso, no habría nada que objetar a la intervención de los ordenadores y tampoco al modo en que fueron examinados".

Y en el mismo sentido múltiples resoluciones: la presencia del Letrado de la Administración de Justicia no es imprescindible en la diligencia de volcado por lo tanto solo sería obligatoria la presencia del fedatario público en el acto procesal de desprecintado del dispositivo informático intervenido y la salvaguarda posterior por la obligatoria cadena de custodia policial.

Y esta diligencia que suele realizarse en sede jurisdiccional se realiza siempre a presencia del Letrado de la Administración de Justicia, del investigado y la de su defensa[64].

---

64 LÓPEZ BARJA DE QUIROGA, "La interceptación de las comunicaciones: jurisprudencia del Tribunal Supremo" en *Tratado de Derecho Procesal Penal*, Editorial Aranzadi, 2009.

Hay que señalar que, como a veces ocurre en la práctica, es fuente de problemas de licitud de la prueba el acceso a los medios informáticos en los que no se ha contado ni con el consentimiento del titular ni con autorización judicial. Y lo digo en tanto que, en algunos ámbitos como el laboral o familiar, pueden existir accesos de este tipo.

STC 173/11, de 7 de noviembre:

> "La demanda de amparo plantea la vulneración del derecho a la intimidad (art. 18.1 CE), del derecho a un proceso con todas las garantías (art. 24.2 CE) y del derecho a la presunción de inocencia (art. 24.2 CE), por haberse fundado la condena en prueba de cargo obtenida con vulneración del primer derecho fundamental invocado, al haber accedido tanto el denunciante de los hechos, como después la policía, a determinados archivos del ordenador del demandante de amparo sin su consentimiento y sin autorización judicial, y no existiendo, por lo demás, razones de urgencia".
>
> "...tampoco podrá considerarse ilegítima aquella injerencia o intromisión en el derecho a la intimidad que encuentra su fundamento en la necesidad de preservar el ámbito de protección de otros derechos fundamentales u otros bienes jurídicos constitucionalmente protegidos (STC 159/2009, de 29 de junio, FJ 3). A esto se refiere nuestra doctrina cuando alude al carácter no ilimitado o absoluto de los derechos fundamentales, de forma que el derecho a la intimidad personal, como cualquier otro derecho, puede verse sometido a restricciones (SSTC 98/2000, de 10 de abril, FJ 5; 156/2001, de 2 de julio, FJ 4; y 70/2009, de 23 de marzo, FJ 3). Así, aunque el art. 18.1 CE no prevé expresamente la posibilidad de un sacrificio legítimo del derecho a la intimidad —a diferencia de lo que ocurre en otros supuestos, como respecto de los derechos reconocidos en los arts. 18.2 y 3 CE—, su ámbito de protección puede ceder en aquellos casos en los

que se constata la existencia de un interés constitucionalmente prevalente al interés de la persona en mantener la privacidad de determinada información...Por lo que se refiere a la concurrencia de un fin constitucionalmente legítimo que puede permitir la injerencia en el derecho a la intimidad, este Tribunal ha venido sosteniendo que reviste esta naturaleza "el interés público propio de la investigación de un delito, y, más en concreto, la determinación de hechos relevantes para el proceso penal... En relación a la necesidad de autorización judicial, el criterio general, conforme a nuestra jurisprudencia, es que sólo pueden llevarse a cabo injerencias en el ámbito de este derecho fundamental mediante la preceptiva resolución judicial motivada que se adecue al principio de proporcionalidad (SSTC 207/1996, de 16 de diciembre, FJ 4; 25/2005, de 14 de febrero, FJ 6; y 233/2005, de 26 de septiembre, FJ 4). Esta regla no se aplica, también según nuestra doctrina, en los supuestos en que concurran motivos justificados para la intervención policial inmediata, que ha de respetar también el principio de proporcionalidad. De manera significativa hemos resaltado en la STC 70/2002, de 3 de abril, que "la regla general es que el ámbito de lo íntimo sigue preservado en el momento de la detención y que sólo pueden llevarse a cabo injerencias en el mismo mediante la preceptiva autorización judicial motivada conforme a criterios de proporcionalidad. De no existir ésta, los efectos intervenidos que puedan pertenecer al ámbito de lo íntimo han de ponerse a disposición judicial, para que sea el juez quien los examine. Esa regla general se excepciona en los supuestos en que existan razones de necesidad de intervención policial inmediata, para la prevención y averiguación del delito, el descubrimiento de los delincuentes y la obtención de pruebas incriminatorias. En esos casos estará justificada la intervención policial sin autorización judicial, siempre que la misma se realice también desde el respeto al principio de proporcionalidad" [FJ 10 b) 3]".

"Si no hay duda de que los datos personales relativos a una persona individualmente considerados, a que se ha hecho referencia anteriormente, están dentro del ámbito de la intimidad constitucionalmente protegido, menos aún pueda haberla de que el cúmulo de la información que se almacena por su titular en un ordenador personal, entre otros datos sobre su vida privada y profesional (en forma de documentos, carpetas, fotografías, vídeos, etc.) —por lo que sus funciones podrían equipararse a los de una agenda electrónica—, no sólo forma parte de este mismo ámbito, sino que además a través de su observación por los demás pueden descubrirse aspectos de la esfera más íntima del ser humano. Es evidente que cuando su titular navega por Internet, participa en foros de conversación o redes sociales, descarga archivos o documentos, realiza operaciones de comercio electrónico, forma parte de grupos de noticias, entre otras posibilidades, está revelando datos acerca de su personalidad, que pueden afectar al núcleo más profundo de su intimidad por referirse a ideologías, creencias religiosas, aficiones personales, información sobre la salud, orientaciones sexuales, etc. Quizás, estos datos que se reflejan en un ordenador personal puedan tacharse de irrelevantes o livianos si se consideran aisladamente, pero si se analizan en su conjunto, una vez convenientemente entremezclados, no cabe duda que configuran todos ellos un perfil altamente descriptivo de la personalidad de su titular, que es preciso proteger frente a la intromisión de terceros o de los poderes públicos, por cuanto atañen, en definitiva, a la misma peculiaridad o individualidad de la persona. A esto debe añadirse que el ordenador es un instrumento útil para la emisión o recepción de correos electrónicos, pudiendo quedar afectado en tal caso, no sólo el derecho al secreto de las comunicaciones del art. 18.3 CE (por cuanto es indudable que la utilización de este procedimiento supone un acto de comunicación), sino también el derecho a la intimidad personal (art. 18.1 CE), en la medida en que estos correos o email, escritos o ya leídos por su destinatario, quedan almacenados en la memoria

> del terminal informático utilizado. Por ello deviene necesario establecer una serie de garantías frente a los riesgos que existen para los derechos y libertades públicas, en particular la intimidad personal, a causa del uso indebido de la informática, así como de las nuevas tecnologías de la información".

Primera conducta: mujer-marido.

Comenzaremos con el caso tratado por la SAPM de 27 de noviembre de 2017. Se trata de una mujer, movida por el recelo o la desconfianza marital, que encuentra en la guantera de un vehículo familiar, un teléfono móvil del que desconoce dueño y usuario, y lo guarda para sí. La mujer, saca la tarjeta SIM del terminal y encuentra en la memoria del teléfono móvil el material pornográfico.

Se aduce por las acusaciones el "hallazgo casual", y lo cierto es que la guantera de un coche, de uso potencialmente indistinto por marido y mujer —al margen de que habitualmente lo utilice el marido, o de cuál sea su titularidad— no resulta ser un espacio "especialmente sensible" o inexorablemente anudado a la intimidad, como para denunciar el apoderamiento ilegal por parte de la esposa.

Avanzando un paso más, opone la defensa que, si casual fue el hallazgo, ninguna casualidad concurrió en que la mujer se quedara con el teléfono —que, según la propia esposa, se hallaba bloqueado— con el fin de entrar en su contenido; lo que hizo, quitándole la tarjeta "SIM", y apareciendo en la memoria del terminal las imágenes y conversaciones de referencia.

Efectivamente ambos implicados —el acusado y la denunciante— declararon en juicio que, cuando se produjo la discusión matrimonial a raíz de que la mujer le dijera al marido que tenía ese móvil, supo ya que era él quien lo usaba, y que le estaba exigiendo que se lo devolviera porque era de una amante.

La mujer entrega el terminal telefónico y refiere, exclusivamente, que ha visto en su interior, unas conversaciones del denunciado en las que "se ofrece a mis hijos de tres años para la práctica de actos de sexo...y a otra menor con idénticos ofrecimientos".

Este dato cobra relevancia porque el material se refiere a los propios hijos de la denunciante. Y la conducta se produce "entre iguales, entre particulares", marido-mujer, dato también relevante a la vista de la doctrina jurisprudencial.

Como señala la sentencia habrá de aplicarse el "balancing test" entre un sistema preventivo de protección eficaz de derechos fundamentales... y el derecho de las partes a utilizar medios de prueba para obtener la tutela judicial efectiva, y alcanzar la respuesta "justa" no solo en cuestiones de justicia legal (derecho penal), sino a veces también en temas de estricta justicia conmutativa".

El primer elemento que distingue la jurisprudencia es analizar si se trata de un supuesto entre particulares o un supuesto estado-particular en tanto que en uno y otro caso las consecuencias son diferentes. En segundo lugar, resulta básico excluir la mala fe del que aporta el material ya que tiene que descartarse que estuviese realizando un acopio de material probatorio contra el denunciado.

En este sentido la STS 23 de febrero de 2017 ya dispuso que el artículo 11 LOPJ: "no persigue sobreproteger al delincuente que se ve encausado con el respaldo de pruebas que le han sido arrebatadas por un particular que cuando actuaba, no pensaba directamente en prefabricar elementos de cargo utilizables en un proceso penal ulterior".

Superados estos requisitos la sala otorga validez al material incautado.

Segunda conducta: encargado del establecimiento.

STC 173/2011, de 7 de noviembre,

Acción del encargado del establecimiento de informática consistente en acceder a la carpeta llamada "mis documentos/mis imágenes" del ordenador personal del cliente, en la que encontró diversos archivos fotográficos de contenido pedófilo que motivaron la presentación de la denuncia.

Según se desprende de los antecedentes, el recurrente acudió al establecimiento de informática que regentaba el denunciante y le hizo entrega de su ordenador portátil con el encargo de cambiar la grabadora que no funcionaba. Consta también acreditado que al recibir el encargo el titular del establecimiento preguntó al recurrente si el ordenador tenía contraseña de acceso, respondiendo éste negativamente y sin manifestar limitación alguna en el uso del ordenador y acceso a los ficheros que almacenaba. Una vez efectuada la reparación y para comprobar el correcto funcionamiento de las piezas sustituidas el encargado escogió al azar diversos archivos para proceder a su grabación y posterior reproducción en el ordenador, lo que, al parecer, suele ser práctica habitual en estos casos, visualizando entonces las imágenes pornográficas de los menores que contenía. El testigo puso entonces tal circunstancia en conocimiento de la Policía Nacional que procedió a la intervención del portátil.

"En el presente caso, más allá del tradicional marco conceptual de la forma de la prestación del consentimiento a que se ha hecho referencia, es preciso analizar las características de la declaración de voluntad en realidad emitida por el propietario del ordenador personal. Éste, es verdad, como dice el Fiscal, no autorizó de forma expresa al encargado de la tienda de informática a acceder al contenido de sus archivos o ficheros donde se encontraban las fotografías y videos de contenido pedófilo, ni tampoco tácitamente porque nos encontramos ante una manifestación de voluntad efectuada por su parte, por lo que no es necesario acudir a conjeturas o presunciones sobre los hechos para su interpretación. Dicho lo anterior, lo que sí se aprecia claramente en el recurrente es la concurrencia de una declaración expresiva de su voluntad de hacer entrega a dicho encargado de su portátil, poniéndolo a su disposición, para que éste procediera a su reparación (en concreto, para cambiar la grabadora que no funcionaba). Para ello le informa, incluso, como hemos visto, de que no precisa de contraseña alguna de acceso. Las razones que hayan podido llevar al recurrente a adoptar esta actitud, ya sean debidas a negligencia, descuido o desconocimiento del carácter ilícito de los referidos archivos (en este sentido, se observa en las actuaciones que una de las alegaciones de su línea defensiva fue invocar precisamente un supuesto error de prohibición) escapan, evidentemente, al análisis que debe realizarse en este Tribunal Constitucional...De lo expuesto, se deduce que dicho responsable no se extralimitó del mandato recibido estando amparado su proceder, que ha llevado al descubrimiento del material ilícito, por la propia autorización expresa del ahora demandante. Avala esta conclusión la circunstancia de que este encargado limitara su actuación a la carpeta "mis documentos" del usuario, mínimo necesario para realizar la referida prueba de grabación, sin pretender adentrarse en otras carpetas respecto de las que, por hallarse más ocultas o por expresarlo así el título asignado a las mismas, pudiera presumirse un mayor revestimiento de protección y reserva. Seguidamente, una vez producido el hallazgo, aquél se limitó a cumplir con la

> obligación que le viene legalmente impuesta a todo ciudadano consistente en denunciar ante las autoridades competentes la posible perpetración de un delito público del que ha tenido conocimiento (arts. 259 y ss. de la Ley de enjuiciamiento criminal)". En consecuencia, podemos descartar que la conducta desarrollada por el denunciante vulnerara el derecho a la intimidad del recurrente (art. 18.1 CE), por haber sufrido este una supuesta intromisión indebida en su esfera íntima".

No es el único caso con el que nos hemos encontrado en la práctica procesal penal. En más de una ocasión el delito se descubre por la intervención de un técnico en informática que al realizar las labores de arreglo del ordenador encuentra material pornográfico en el que intervienen menores de edad. La Sentencia otorga validez al "descubrimiento" pero sometido a varias condiciones: la existencia de un consentimiento aunque sea "tácito" por parte del denunciado respecto del acceso que el técnico pueda tener en el ordenador, inexistencia de trabas instaladas por el denunciado para impedir el acceso a terceras personas (contraseñas), e inexistencia de una intromisión "excesiva" en el material informático (probó con la carpeta de "mis documentos/mis imágenes") no accediendo a subcarpetas, imágenes o archivos que estuviesen especialmente ocultos.

A *sensu contrario* sirva la sentencia para fijar lo que sí podría constituir una diligencia de investigación ilícita que desembocara en una posterior prueba viciada.

Tercera conducta: agentes de policía.

Misma sentencia. STC 173/2011, de 7 de noviembre

Por la policía se procedió entonces a encender el ordenador entregado, accediendo no sólo a la carpeta "mis documentos" sino también a la carpeta denominada "Incoming", perteneciente al programa de intercambio de archivos eMule. Al día siguiente de la diligencia de acceso al ordenador se procede a la detención del denunciado quien es oído en manifestación en las dependencias policiales. Concluido el atestado, en el que obra una diligencia de remisión del ordenador al grupo de pericias informáticas de dicha Brigada provincial para que se realizara un análisis más exhaustivo de su contenido, el detenido es puesto a disposición judicial. En la misma fecha el Juez de instrucción en funciones de guardia dictó Auto incoando diligencias previas, realizando como primera actuación procesal la de oír en declaración al agente policial que había intervenido como instructor del referido atestado, quien dio las explicaciones necesarias.

Indica la sentencia:

> "Con estos antecedentes, lo primero que cabe afirmar es que la autorización que el recurrente prestó para el acceso a su ordenador al propietario del establecimiento de informática, en la forma expuesta, no puede extenderse al posterior acceso a los archivos por parte de la policía. Tal como hemos afirmado anteriormente, el derecho a la intimidad personal se vulnera también cuando, aun autorizada su intromisión en un primer momento, se subvierten después los términos y el alcance para el que se otorgó. Como hemos visto, en el presente caso el alcance de la autorización dada se circunscribía a la manipulación por parte de dicho profesional del portátil para que procediera a la reparación del equipo informático, lo que no puede erigirse en legitimación para una intervención posterior realizada por personas distintas y motivada por otros fines. Lo contrario significaría asignar a un acto concreto de autorización una eficacia genérica erga omnes y

> temporalmente indeterminada, argumento que, sin duda, se revela contrario a los márgenes de disponibilidad de los derechos fundamentales, basados en la voluntad de su titular y cuyo alcance sólo a él corresponde delimitar. Esta conclusión aparece, además, avalada por la circunstancia de que los funcionarios policiales no se limitaron, una vez incautado el ordenador, a acceder, tal como había efectuado el denunciante, a la carpeta "mis documentos" del usuario, sino que ampliaron su análisis supervisando en particular la carpeta "eMule/Incoming".

Especial interés tiene el siguiente apartado de la sentencia:

> "Conviene reseñar en este momento que fue el hallazgo de este último programa, que estaba configurado de forma que los archivos pedófilos depositados en el ordenador pudieran ser descargados por otras personas a través de Internet, lo que ha fundado la condena del recurrente por la modalidad específica de distribución de material pornográfico infantil del art. 189.1 b) del Código penal. En este sentido, tampoco el hecho de que el recurrente permitiera, a través del programa eMule este acceso de otros usuarios a sus archivos, puede erigirse en una suerte de autorización genérica frente a posteriores y distintas injerencias en el ámbito reservado de su intimidad, a pesar de que ha sido éste el argumento utilizado aquí tanto por la Audiencia Provincial de Sevilla como por la Sala Segunda del Tribunal Supremo. En efecto, además de que el acceso a los expresados archivos sólo es factible para los usuarios que tengan instalada su misma aplicación, es lo cierto que la policía tan solo tiene conocimiento de la utilización del referido programa cuando accede al ordenador, siendo así que, conforme hemos expuesto, las circunstancias que permiten afirmar la existencia del presupuesto habilitante para penetrar en la esfera de la intimidad del titular del derecho deben evaluarse y apreciarse ex ante, sin que dicho acceso pueda justificarse ex post a partir de hechos sólo descubiertos después y como consecuencia del mismo".

Pero finalmente la sentencia concluye:

> "Puede afirmarse, sin necesidad de una mayor argumentación, que la conducta adoptada por la policía perseguía un fin legítimo, por cuanto se enmarcaba dentro de las investigaciones que ésta realizaba dirigidas al esclarecimiento de un delito de pornografía infantil. Al propio tiempo existe la habilitación legal necesaria para la realización, por parte de los agentes intervinientes, de este tipo de pesquisas, pues, como hemos visto, se encuentran entre sus funciones las de practicar las diligencias necesarias para comprobar los delitos, descubrir sus autores y recoger los efectos, instrumentos o pruebas, pudiendo efectuar "un primer análisis" de los efectos intervenidos (en este sentido, se observa en el propio atestado policial cómo su instructor califica el informe realizado sobre el contenido del ordenador como "un análisis preliminar", sin perjuicio de la pericial que luego se solicita al grupo especializado de pericias informáticas). Finalmente, si bien la intervención policial desplegada no contó con la previa autorización judicial, circunstancia ésta que ha llevado a considerar, tanto al recurrente como al Fiscal, que se había producido en este caso una vulneración del derecho a la intimidad personal, podemos afirmar que nos encontramos ante uno de los supuestos excepcionados de la regla general, que permite nuestra jurisprudencia, pues existen y pueden constatarse razones para entender que la actuación de la policía era necesaria, resultando, además, la medida de investigación adoptada razonable en términos de proporcionalidad".

Así pues, el Tribunal Constitucional desestima el recurso interpuesto. Considera que no hubo vulneración de la intimidad del condenado ni por la actuación del encargado de la tienda de informática ni por los agentes de policía.

Discrepo de la solución adoptada en este caso. Entiendo, como indica el Tribunal Constitucional en un primer momento, que la autorización se dio al técnico y no podía hacerse extensiva a los miembros de la policía que accedieron al ordenador sin ningún tipo de autorización.

Una cosa es que el técnico, tras descubrir material pedófilo, lo ponga en conocimiento de la policía y que ésta solicite autorización judicial para acceder a su estudio, y otra es que la policía acceda a ese contenido (aún de forma superficial) sin autorización judicial ni del interesado. Los fines lícitos de la investigación no son fundamento *per se* de la legalidad de la diligencia puesto que entonces todas las diligencias policiales, y no solo esta, quedarían subsanadas con el cumplimiento de dicha finalidad.

Cuarta conducta: el del acceso de los padres a los medios informáticos de sus hijos.

Un caso paradigmático. Una madre denuncia a su exmarido, del que está divorciada, porque sus hijos le dicen que cuando están con él les mira el móvil. En concreto ha leído los mensajes de WhatsApp de su hija de 9 años y lo intenta con su hijo menor pero no lo consigue en tanto que su móvil se encontraba protegido con una contraseña.

La denunciante entendía que se había cometido un delito de descubrimiento y revelación de secretos del art. 197 del Código Penal.

El Juzgado de Instrucción, en primera instancia, acordó el sobreseimiento provisional de las actuaciones.

La Audiencia Provincial de Pontevedra, por Auto de fecha 25 de octubre de 2017, confirmó el sobreseimiento.

La Audiencia confirma la inexistencia de infracción penal en la actuación del padre, quien, al ostentar la patria potestad de los dos hijos menores del matrimonio, tiene la obligación de velar por ellos y atender y vigilar el uso de las redes sociales dada su edad, al objeto de preservar su indemnidad.

En este caso, y del relato de la denuncia, la Sala no aprecia infracción penal alguna. No parece que el padre se apoderara de las conversaciones del wasap de su hija sin su consentimiento, y tampoco dichas conversaciones podían considerarse "datos reservados" a los efectos señalados en el Código Penal. Tampoco parece que el padre buscara revelar datos que su hija no quisiera que conociera ni tampoco vulnerar su intimidad.

Otro caso relevante es el de una madre que avisada por una hija suya que su hermana podía estar siendo objeto de acoso, accede a su teléfono móvil para comprobar dicho extremo. El caso supone una pugna entre el derecho a la intimidad de los menores y el deber de los padres de velar y cuidar por sus hijos.

La Sala Segunda, de lo Penal, del Tribunal Supremo, en la sentencia de 10 de diciembre de 2015, consideró válidas las pruebas obtenidas, puesto que existían indicios claros de que la menor estaba siendo víctima de acoso sexual a través de dicha red:

> "... estamos hablando de la madre —y no cualquier otro particular—. Es titular de la patria potestad concebida no como poder, sino como función tuitiva respecto de la menor. Es ella quien accede a esa cuenta ante signos claros de que se estaba desarrollando una actividad presuntamente criminal en la que no cabía excluir la victimización de su hija. No puede el ordenamiento hacer descansar en los padres unas obligaciones de velar por sus hijos

> menores y al mismo tiempo desposeerles de toda capacidad de controlar en casos como el presente en que las evidencias apuntaban inequívocamente en esa dirección. La inhibición de la madre ante hechos de esa naturaleza contrariaría los deberes que le asigna por la legislación civil. Se trataba además de actividad delictiva no agotada, sino viva: es objetivo prioritario hacerla cesar. Tienen componentes muy distintos las valoraciones y ponderación a efectuar cuando se trata de investigar una actividad delictiva ya sucedida, que cuando se trata además de impedir que se perpetúe, más en una materia tan sensible como esta en que las víctimas son menores (...)".

La sentencia indica que resulta prioritario el derecho de los padres a velar por la educación, por la protección y seguridad de sus hijos, frente a su derecho a la intimidad, de la que sin duda los menores son titulares.

Quisiera citar el supuesto de una sentencia reciente: el caso del directivo de una empresa al que se le atribuye la comisión de un delito de apropiación indebida y en el que, para la averiguación de los hechos, se accede a su ordenador. Sentencia del Tribunal Supremo de 23 de octubre de 2018 (489/18).

El examen se realizó a través de un programa informático que permitía seleccionar, por su contenido, correos electrónicos sin necesidad de abrirlos. Según referencias de los peritos, se seleccionaron 20.722 documentos y/o correos electrónicos con esa metodología. A la postre, solo 113 de ellos proporcionaron información relevante para los fines buscados.

Resulta necesario determinar algunas cuestiones, que como señala la sentencia, son imprescindibles para el análisis de la relevancia o no del artículo 11 de la Ley Orgánica del Poder Judicial: "a) El acusado trabajaba como directivo para T. Estaba ligado con ella por un contrato laboral de alta dirección. b) El 17 de junio de 2011, con presencia notarial, un perito a instancia de esa mercantil se personó en sus oficinas y obtuvo copia espejo del ordenador que utilizaba habitualmente el querellado (en esa fecha en Estados Unidos donde se había desplazado siguiendo indicaciones de su empleadora). c) El día anterior, 16 de junio, se había procedido al despido del ahora recurrente (por tanto, antes del examen del ordenador) al detectarse actuaciones que despertaban vehementes sospechas de deslealtad vinculada a su participación en empresas dedicadas a la misma actividad que su principal. d) Entre los correos finalmente seleccionados (113), algunos serían ajenos a las relaciones comerciales de T. Se referían a otras empresas; justamente aquéllas en las que el acusado mantenía intereses. e) El acusado no había asumido, al menos de forma explícita, la obligación de usar el ordenador en exclusiva para actividades o comunicaciones de la empresa. No existía prohibición de comunicaciones ajenas a sus funciones como gerente. f) Tampoco había sido advertido de una hipotética reserva por parte de la empresa de su facultad para examinar tal dispositivo. Ni expresa ni tácitamente autorizó que la empresa pudiese acceder a las cuentas de correo usadas por él. g) No ha quedado fehacientemente demostrado que el ordenador fuese de la titularidad de la empresa. Este dato —hay que apostillar— es irrelevante, como aclara incidentalmente con acierto la sentencia: lo importante a los efectos que ahora interesan no es la titularidad real, sino quién sea el usuario (y si lo era o no con exclusividad; hay que presumir que sí: nadie ha insinuado un uso compartido). h) El examen del ordenador usado por el acusado (también, según se deduce de las actuaciones, se revisó el contenido del disco duro del dispositivo de otra empleada sin que conste ni su anuencia ni su oposición, y sin que esté delimitado si del mismo se obtuvo algún rendimiento probatorio), se llevó a cabo mediante una herramienta informática que, según explicaron los peritos, resultaba metódica y selectiva: solo se accedió a los archivos en los que aparecían unas palabras clave previamente acotadas. Eso permitía discriminar entre unos archivos y otros para acceder exclusivamente a aquéllos relacionados con tales "chivatos". i) Asimismo se adoptaron cautelas para asegurar la fidelidad del copiado y mantener los efectos a disposición de quien pudiese recabar una nueva pericial para contrastar que se había llevado a cabo con las garantías necesarias para preservar la autenticidad".

Derecho afectado:

> "Para entrometerse en las comunicaciones ajenas en curso es indispensable consentimiento o autorización judicial. A ese supuesto alude principalmente la famosa y por todas citada STS 528/2014 (ponencia del Excmo. Sr. D. José Manuel Maza). De ahí que introduzca en el obiter dicta que representa todo su discurso sobre este tema, una incidental, pero relevante modulación: no es lo mismo un proceso de comunicación en marcha que un proceso de comunicación cerrado. Solo el primero está indiscutiblemente vinculado al derecho al secreto de las comunicaciones. En el segundo caso se detectan profundas diferencias. Estaremos más bien en el campo de la intimidad, la privacidad o, en su caso, la autodeterminación informativa. A este argumento se agarran sentencia de instancia querellante, y Ministerio Fiscal para rechazar las conclusiones que pretende alcanzar el recurrente: se habría accedido a correos ya recepcionados. No hubo necesidad de

> abrirlos ex novo. Esa actuación se asemeja, no a la interceptación de una correspondencia que no ha llegado todavía a su destinatario, es decir, en tránsito, sino a la incautación, v. gr., de la carpeta donde guarda alguien sus cartas abiertas y ya leídas".

Hay que tener en cuenta que la jurisprudencia llega a hablar de un nuevo derecho, derecho al entorno digital. Es tal la variedad y multiplicidad de datos que se almacenan en un ordenador que este derecho podría llegar a abarcarlos todos. Sería, como señala la sentencia, un derecho de nueva generación que serviría para alumbrar y justificar distintos escalones de protección jurisdiccional (SSTS 342/2013, de 17 de abril; 587/2014, de 24 de febrero, y 587/2014, de 18 de julio).

Por último, debo mencionar que existen dos grupos policiales especializados en la investigación de esta clase de delitos: la Brigada de Investigación Tecnológica del Cuerpo Nacional de Policía, y el Grupo de Delitos Telemáticos de la Guardia Civil.

Y conviene resaltar la alta preparación y cualificación profesional de sus integrantes lo que hace más que recomendable que ellos sean los encargados de su investigación.

V.4. RETIRADA DE LAS PÁGINAS WEB Y APLICACIONES DE INTERNET

Establece el artículo 189.8 del Código Penal que "Los jueces y tribunales ordenarán la adopción de las medidas necesarias para la retirada de las páginas web o aplicaciones de internet que contengan o difundan pornografía infantil o en cuya elaboración se hubieran utilizado personas con discapacidad necesitadas de especial protección o, en su caso, para bloquear el acceso a las mismas a los usuarios de Internet que se encuentren en territorio español.

Estas medidas podrán ser acordadas con carácter cautelar a petición del Ministerio Fiscal".

Uno de los objetivos más relevantes que se intenta conseguir cuando nos encontramos frente a este delito es que desaparezca de internet todo rastro de los vídeos o de las imágenes en las que ha existido actos de corrupción de menores. Hay que evitar la victimización de los menores de edad o personas necesitadas de especial protección.

No es una tarea fácil, en la mayoría de las ocasiones es muy difícil eliminar de la red todos los vídeos o imágenes en cuestión, pero sin duda es una labor prioritaria. Para ello, es esencial este precepto que recoge el número 8 del artículo 189 del Código Penal.

Es llamativo que, como establece el precepto, la medida tenga que ser solicitada por el Ministerio Fiscal, es decir, que parece que cercena la posibilidad a que sea adoptada de oficio por el órgano judicial o que lo solicite otra acusación que no sea la del Ministerio Público.

En todo caso, la celeridad en su solicitud y adopción devienen fundamentales para restaurar el quebranto producido en la intimidad de los menores o personas necesitadas de especial protección.

El mecanismo para su ejecución es muy técnico por lo que parece recomendable que su práctica se deje en manos de los grupos especializados de las Fuerzas y Cuerpos de Seguridad del Estado para que articulen el medio de que las páginas o las aplicaciones desaparezcan del mundo virtual.

V.5. REINCIDENCIA INTERNACIONAL

La condena de un Juez o Tribunal extranjero, impuesta por delitos comprendidos en este capítulo, será equiparada a las sentencias de los Jueces o Tribunales españoles a los efectos de la aplicación de la circunstancia agravante de reincidencia (artículo 190 del Código Penal).

V.6. LIBERTAD VIGILADA

El artículo 192.1 del Código Penal establece que a los condenados a pena de prisión por uno o más delitos comprendidos en este Título se les impondrá además la medida de libertad vigilada, que se ejecutará con posterioridad a la pena privativa de libertad. La duración de dicha medida será de cinco a diez años, si alguno de los delitos fuera grave, y de uno a cinco años si se trata de uno o más delitos menos graves. En este último caso, cuando se trate de un solo delito cometido por un delincuente primario, el tribunal podrá imponer o no la medida de libertad vigilada en atención a la menor peligrosidad del autor.

Es decir, para el caso de que el condenado lo sea por primera vez, la libertad vigilada deviene facultativa para las acusaciones y tribunal, en caso contrario, su solicitud e imposición serán preceptivas.

Es importante destacar que el contenido de la libertad vigilada deberá concretarse una vez se haya cumplido la pena pues solo en ese momento sabremos qué medida es oportuna y adecuada para el condenado.

Por lo que, como se fijó en las Conclusiones de la Reunión de Fiscales de Vigilancia Penitenciaria de

2018, en el escrito de acusación deberá solicitarse la pena de libertad vigilada y concretar su extensión, pero no su contenido que quedará diferido a un momento posterior.

V.7. EL ENJUICIAMIENTO: LA PRUEBA PERICIAL

Resulta imposible tratar todas las cuestiones relativas al enjuiciamiento de este tipo de delito, pero quisiera hacer una mención a la prueba pericial informática, esencial en el enjuiciamiento de estas infracciones.

La mayor parte de los jueces tiene una formación informática a nivel de usuario medio, sin perjuicio de que algunos puedan tener unos conocimientos más avanzados. Ahora cada vez es mayor la formación con la que contamos los operadores jurídicos, pero hace unos años existían serias dificultades para convencer a los tribunales de determinados aspectos técnicos. Resultaba difícil explicar el concepto de I.P., su determinación y la seguridad en su identificación. Por no mencionar el funcionamiento de los programas de intercambio "*peer to peer*" (P2P) en los que resulta esencial acreditar el hecho de la distribución o compartición de archivos.

Los peritos tienen una gran relevancia en esta clase de juicios puesto que la prueba pericial tiene una importancia capital. Un buen informe pericial y, sobre todo, una buena defensa de ese informe en el acto del juicio oral puede decantar la balanza en un sentido u otro.

No rige en el proceso penal el principio de prueba tasada sino el de la libre apreciación de la prueba (art.

741 de la LECrim) por lo que los tribunales pueden, en su caso, basar la condena en una prueba pericial. De nuevo los grupos especializados del Cuerpo Nacional de Policía y de la Guardia Civil cuentan con unos magníficos peritos que explican y aclaran sus informes en los plenarios.

Y todo lo anterior conecta con la llamada prueba electrónica, cada vez de mayor aplicación en el proceso penal.

Excedería del estudio de esta tesis un análisis exhaustivo de la misma pero no podemos dejar de señalar algunos ejemplos:

Capturas de pantallas o de mensajes:

El Tribunal Supremo señala que la carga de la prueba de la idoneidad probatoria de las capturas de pantalla o archivos corresponde a quien pretende aprovechar dicha prueba. Por ello, a falta de su reconocimiento por la otra parte, será necesario un informe pericial que identifique el teléfono emisor de los mensajes delictivos o una prueba testifical que acredite su remisión (STS de 4 de enero de 2016).

La sentencia del Tribunal Supremo de 19 de mayo de 2015 (STS 300/2015) sienta los criterios a seguir para aceptar la fuerza probatoria en el ámbito penal de las capturas de pantalla o "pantallazos" de mensajes transmitidos en redes sociales. La STS 300/2015, trata de los abusos sexuales realizados por la pareja de la madre a una niña menor de edad, cuya única prueba es un diálogo mantenido con un amigo a través de Tuenti. La sala comienza puntualizando

> "que la prueba de una comunicación bidireccional mediante cualquiera de los múltiples sistemas de mensajería instantánea debe ser abordada con todas

> las cautelas. La posibilidad de una manipulación de los archivos digitales mediante los que se materializa ese intercambio de ideas, forma parte de la realidad de las cosas pues el anonimato que autorizan tales sistemas y la libre creación de cuentas con una identidad fingida, hacen perfectamente posible aparentar una comunicación en la que un único usuario se relaciona consigo mismo", apuntando así a la mayor vulnerabilidad de la prueba electrónica.

Como señala Borges Blázquez[65] la realidad es que la verdad procesal absoluta no existe y todas las pruebas son susceptibles de ser falsificadas y un contrato privado puede haber sido manipulado del mismo modo que puede serlo una conversación entablada mediante aplicaciones de mensajería instantánea. No se excluyen estas conversaciones como medio de prueba, sino que desplazamos la carga de la prueba a "quien pretende aprovechar su idoneidad probatoria siendo indispensable en tal caso la práctica de una prueba pericial que identifique el verdadero origen de esa comunicación, la identidad de los interlocutores y, en fin, la integridad de su contenido". No obstante, en este caso el Tribunal Supremo no vio necesario un dictamen pericial por dos razones. "La primera, el hecho de que fuera la propia víctima la que pusiera a disposición del Juez de instrucción su contraseña de Tuenti con el fin de que, si esa conversación llegara a ser cuestionada, pudiera asegurarse su autenticidad mediante el correspondiente informe pericial. La segunda, el hecho de que el interlocutor con el que se relacionaba A. M. fuera propuesto como

---

65 BORGES BLÁZQUEZ, R., *La prueba electrónica en el proceso penal y el valor probatorio de conversaciones mantenidas utilizando programas de mensajería instantánea,* Rev. Boliv. de Derecho Nº 25, enero 2018, ISSN: 2070-8157, pp. 536-549.

testigo y acudiera al plenario. Allí pudo ser interrogado por las acusaciones y defensas acerca del contexto y los términos en que la víctima —A.M— y el testigo —C.— mantuvieron aquel diálogo".

Contenidos de wasap:

STS de 19 de mayo y 27 de diciembre de 2015:

> "la prueba de una comunicación bidireccional mediante cualquiera de los múltiples sistemas de mensajería instantánea debe ser abordada con todas las cautelas. La posibilidad de una manipulación de los archivos digitales mediante los que se materializa ese intercambio de ideas, forma parte de la realidad de las cosas. El anonimato que autorizan tales sistemas y la libre creación de cuentas con una identidad fingida, hacen perfectamente posible aparentar una comunicación en la que un único usuario se relaciona consigo mismo. De ahí que la impugnación de la autenticidad de cualquier de estas conversaciones, cuando son aportadas a la causa mediante archivos de impresión, desplaza la carga de la prueba hacia quien pretende aprovechar su idoneidad probatoria. Será indispensable en tal caso, la práctica de una prueba pericial que identifique el verdadero origen de esa comunicación, la identidad de los interlocutores, y en fin, la integridad de su contenido".

Hasta ese momento era muy frecuente la presentación de pantallazos de WhatsApp para acreditar los mensajes enviados o recibidos y en principio no se ponía en duda su contenido. Hasta que expertos informáticos empezaron a poner de manifiesto la posibilidad de alterar o manipular dichos contenidos por lo que había que ser cauteloso con su valoración. En el momento actual ante la impugnación de su contenido habrá que acreditar su validez por los medios que se estime oportuno, pericial o testifical.

En todo caso, en la actualidad, el 89,5% de los expertos jurídicos consultados considera que la validez de la prueba electrónica, como un e-mail o la firma electrónica, es equivalente a la tradicional en los procesos judiciales[66].

Esta encuesta refleja que un 77,8% de los juristas consultados en España y otros 15 países reclaman que se establezca un marco normativo europeo específico que regule la prueba electrónica para combatir el ciberdelito en empresas e instituciones. Además, un 61,8% de los profesionales del Derecho sostiene que el empleo de la prueba digital acelera el procedimiento judicial, aunque el 37% se siente incómodo al usarla[67].

Como conclusión, será indispensable en tal caso la práctica de una prueba pericial que identifique el verdadero origen de esa comunicación, la identidad de los interlocutores y la integridad de su contenido.

De igual modo, como profanos en el mundo técnico de las telecomunicaciones, será de suma importancia acudir al juicio con una fundada prueba pericial que permita sustentar, en su caso, la acusación. Y para ello cobrará importancia decisiva los peritos de los que nos valgamos en juicio. Lo mismo cabe predicar para la defensa, una buena pericia o contra pericia puede suponer la creación de un margen de duda que por mor del principio *in dubio pro reo* suponga la absolución del acusado.

---

66 Estudio realizado en toda Europa sobre *"La admisibilidad de la prueba electrónica ante los Tribunales"* (AEEC), realizado por la empresa española de investigación de fraudes en entornos virtuales Cybex. Publicado en la web Noticias Jurídicas el 15 de diciembre de 2006.

67 Id.

V.8. LA FISCALÍA DE CRIMINALIDAD INFORMÁTICA

La creación de una Fiscalía de Sala en la Fiscalía General del Estado y con competencia a nivel estatal, es significativo de la importancia que este tipo de delitos o como mecánica comisiva de los mismos, reviste en la actualidad. La Fiscalía especializada cuenta con una Jefatura que la ostenta una Fiscal de la primera categoría (Fiscal de Sala del Tribunal Supremo) y dos fiscales adjuntos con dedicación exclusiva a esta actividad.

Las funciones del Fiscal de Sala de Criminalidad Informática aparecen desglosadas en la Instrucción 2/2011 sobre el Fiscal de Sala de Criminalidad Informática y las Secciones de Criminalidad Informática de las Fiscalías y son las siguientes:

1. Practicar las diligencias a que se refiere el artículo cinco del Estatuto Orgánico del Ministerio Fiscal e intervenir directamente, o a través de instrucciones, en aquellos procesos penales de especial trascendencia apreciada por el Fiscal General del Estado, referentes a hechos delictivos relacionados con la criminalidad informática.

2. Supervisar y coordinar la actividad de las secciones de Criminalidad Informática y recabar informes de las mismas, dando conocimiento al Fiscal Jefe del órgano del Ministerio Fiscal en que se integran.

3. Coordinar los criterios de actuación de las distintas Fiscalías en materia de criminalidad informática, para lo cual podrá proponer al Fiscal General la emisión de las correspondientes Instrucciones y reunir cuando proceda a los Fiscales integrantes de las secciones especializadas.

4. Elaborar anualmente y presentar al Fiscal General del Estado un informe sobre los procedimientos seguidos y actuaciones practicadas por el Ministerio Fiscal en materia de criminalidad informática que será incorporado a la Memoria anual presentada por el Fiscal General del Estado.

5. Coordinar la intervención del Ministerio Fiscal en las investigaciones relativas a hechos comprendidos en el marco de actuación de la especialidad cuando afecten al territorio de más de una Fiscalía provincial y revistan especial complejidad o trascendencia.

6. Mantener contacto con las autoridades administrativas con competencia en esta materia para resolver las cuestiones generales que, relacionadas con su función, puedan ir planteándose. Apoyar y facilitar, a su vez, la comunicación directa que los Fiscales especialistas deban establecer con las dichas autoridades en sus respectivos territorios.

7. Promover la organización y celebración de actividades formativas, cursos, jornadas de especialistas o seminarios de especialización relacionados con la Criminalidad Informática y colaborar con la Secretaría Técnica en la determinación de criterios para la formación de Fiscales especialistas, dentro del marco de los planes de formación inicial y continuada de la Carrera Fiscal.

Además, cada Fiscalía Provincial cuenta con un Fiscal Delegado o Decano que organiza y asume distintas competencias en esta clase de delitos. Cada delegado provincial, según el volumen de asuntos y número de fiscales, asume más o menos competencias para la Sección de Criminalidad Informática. En Valencia, junto al Delegado Provincial, forman la sección otros ocho fiscales a los que hay que sumar un integrante en la Sección Territorial de Gandía, otro en la Fiscalía de Área de Alzira y un enlace en la Sección de Violencia de Género.

La Sección de Criminalidad Informática en Valencia asume el conocimiento de las causas relativas al artículo 189 del Código Penal, las relativas a los delitos contra la propiedad intelectual con un alto componente informático, los daños informáticos, los delitos contemplados en el artículo 286 del Código Penal y todos aquellos que, a juicio de su Delegado, revistan una complejidad relevante en materia de prueba electrónica. Los miembros de la Sección despachan los asuntos de los procedimientos en fase de instrucción y acuden a la celebración de los juicios de dichas causas.

La Sección, además, desde la reforma operada en la Ley de Enjuiciamiento Criminal en el extremo relativo a la no remisión de atestados sin autor conocido, asume la "revisión" de aquellos atestados policiales (Cuerpo Nacional de Policía y Guardia Civil) cuyas copias son remitidas por las unidades policiales de dichos cuerpos a la Fiscalía. Una vez en Fiscalía, se decide por los miembros de la Sección si procede su archivo, su judicialización o la incoación de Diligencias de Investigación Preprocesal en la propia Fiscalía.

VI. Cuestiones criminológicas

VI.1. EL PEDÓFILO

Ya hemos indicado que cualquier persona puede ser sujeto activo de este delito, pero en algunos casos se alega por las defensas de los acusados que su representado padece alguna anomalía psíquica o desviación de tipo sexual que debe atenuar su culpabilidad. Que su capacidad volitiva se encuentra afectada por ese impulso o desviación sexual.

Según el manual DSM de la Asociación Estadounidense de Psiquiatría la pedofilia es *una parafilia en la cual la persona siente un intenso y recurrente deseo y fantasías sexuales hacia niños o niñas que aún no han llegado a la adolescencia.*

¿Es lo mismo pedófilo que pederasta? La mayoría de los pederastas son pedófilos, pero un pedófilo no siempre es también un pederasta. Según la mayoría de los diccionarios, el pedófilo (o paidófilo) se siente atraído erótica o sexualmente por niños (y/o niñas), e incluso puede mantener relaciones con ellos, con o sin abuso. Cuando abusa es cuando se le llama pederasta[68].

Al respecto de la pedofilia, indica la STS 768/2004, de 18 de junio de 2004:

> "Por otro lado, la pedofilia diagnosticada no es una enfermedad mental que afecte siempre y del mis-

---

68 Artículo publicado en la página web Internet Grooming, consultada en mayo de 2017.

> mo modo a la imputabilidad de la persona afectada. Así se pone de manifiesto por el examen de las sentencias de esta sala 119/1997 ,1283/1997 ,71/1999 ,285/2003 y 210/2003. Podemos leer en la de 16.7.1991: "En cualquier caso, la "pedofilia" (búsqueda del placer sexual con los niños) es considerada por la psiquiatría como un trastorno o perversión sexual, como pueden serlo el exhibicionismo, el fetichismo, el sadismo y otros, estimándose que, en líneas generales, los sujetos afectados por estos trastornos son libres de actuar al tener una capacidad de querer, de entender y obrar plenas. Únicamente en los supuestos de que el trastorno de la sexualidad sea sintomático de una psicosis o en las situaciones de pasión desbordada, podría hablarse de una imputabilidad disminuida o, incluso, anulada; pero —como se ha dicho— tales supuestos o situaciones deberán haberse acreditado debidamente (cosa que no sucede en el presente caso); y, caso de concurrir, no cabe duda de que podrían dar lugar a la estimación de diferentes causas modificativas de la responsabilidad criminal: enfermedad mental, eximente incompleta, arrebato, etc."

En el mismo sentido la STS de 27 de mayo de 2014:

> "Es cierto, no obstante, que en el dictamen se sugiere la existencia de una parafilia del tipo pedofilia, selectiva de mujeres y limitada al incesto. Sin embargo, a la hora de evaluar la imputabilidad del acusado, el dictamen, metodológicamente, carece de la calidad técnica necesaria para poder afirmar que el acusado sufre una merma significativa en su capacidad de culpabilidad (control de impulsos). El acusado solo fue objeto de exploración en una entrevista durante el servicio de guardia y, además, por un médico no especialista. Es más, incluso la exposición realizada por la doctora en la Sala adolece de una cierta superficialidad al sostener que el acusado tenía levemente mermada su capacidad para controlar sus impulsos, refiriéndose a la agresión de la que hizo objeto a sus nietas utilizando nociones de tan escaso rigor técnico y metodológi-

> co como "no poder aguantarse" o "ceder a la tentación" o comparando la agresión de las dos menores con el comportamiento de una persona obesa que no se resiste a comer un pastel.... En efecto, la reiterada doctrina de la Sala en relación al trastorno en la inclinación sexual conocido como pedofilia tiene como afirmación principal que por sí misma, la pedofilia no supone una disminución de la imputabilidad. Tal tendencia sexual desviada y delictiva solo puede tener una valoración atenuatoria —ya vía eximente incompleta o atenuante— cuando vaya asociada a graves y acreditados trastornos psíquicos relevantes".

Y concluye la Sentencia sobre este extremo:

> "Ello supone que según la doctrina de la Sala la persona afectada de una paidofilia en principio conoce las normas sociales y legales de su prohibición, por lo que, en general deben ser considerados como capaces de comprender la ilicitud de tales actos y de adecuar su conducta a las prevenciones de la Ley, por lo que en consecuencia el diagnóstico de una paidofilia no debe suponer *sic et simpliciter* una modificación de la imputabilidad. En el presente caso no se ha acreditado ningún trastorno psíquico relevante asociado a la conducta sexualmente desviada del recurrente de paidofilia. El recurrente es persona con un grado de socialización normal, no se le han acreditado otros actos pedófilos diferentes de los dos reflejados en las personas de sus nietas. En el informe se recogen como expresiones dichas por él en relación a esta cuestión que "no se podía aguantar", "que se le iba la pinza", "que eso solo lo hace un sinvergüenza, lo que yo soy" "que es un juego", "que le gusta ese tipo de sexo", que es "un desliz" y de las aclaraciones dadas por el médico-forense que emitió el informe médico del folio 42, retenemos su manifestación en el sentido de que "este señor puede controlar sus impulsos" —folio 13 del Acta del Plenario—. Ante este escenario probatorio debemos concluir en el mismo sentido que lo hizo el Tribunal sentenciador. En este

> caso, no habiéndose acreditado relevantes trastornos de conducta asociados a la paidofilia que padece el recurrente, su imputabilidad en el aspecto de adecuar su actuación a la comprensión de la ilicitud del hecho no está disminuida ni tampoco se acredita con el informe médico-forense ya referido, por lo que no existiendo el error en la valoración de la prueba que se denuncia, debe ser mantenido el *factum* en su integridad".

Este es el criterio general que han seguido los tribunales. En principio, la pedofilia no debe atenuar la responsabilidad del autor en tanto que el sujeto es libre de actuar puesto que no se produce, con carácter general, una merma en sus facultades intelectiva o volitiva. Solo en aquellos casos en que venga afecta a una anomalía o trastorno específico podría tener efecto atenuante. En ese caso su capacidad de atenuación vendrá unida a la de la enfermedad o anomalía psíquica que padezca el sujeto activo.

Como acertadamente señala Rubio Eire[69] en los supuestos en que el trastorno haya limitado en el acusado las facultades de control de los impulsos en los actos tendentes al logro de satisfacción sexual con menores de edad, y dicha afectación del control de los impulsos haya incidido en una limitación de sus facultades volitivas, aunque no haya afectado para nada a su capacidad cognoscitiva, siendo plenamente consciente de los actos que estaba realizando y del reproche penal que los mismos merecen, procede apreciar una disminución leve de su imputabilidad que sólo alcanza a una atenuante analógica, como ha si ha declarado la jurispru-

69 RUBIO EIRE, J.V., *Las atenuantes por analogía: doctrina y supuestos concretos de aplicación*, artículo publicado en El Derecho.com el 9 de junio de 2014.

dencia, entre otras en las siguientes sentencias (STS nº768/2004 de 18-6-2004; nº119/1997 de 28-1-1997; nº1283/1997 de 24-10-1997).

VI.2. AGRAVACIÓN POR PARENTESCO O ESPECIAL ASCENDENCIA SOBRE LA VÍCTIMA

El artículo 192.2 del Código Penal establece una agravación penológica (pena en su mitad superior) cuando los autores sean los ascendientes, tutores, curadores, guardadores, maestros o cualquier otra persona encargada de hecho o de derecho del menor o persona con discapacidad necesitada de especial protección, que intervengan como autores o cómplices en la perpetración de los delitos comprendidos en este Título.

VI.3. EL ARTÍCULO 192.3 DEL CÓDIGO PENAL

> "Asimismo la autoridad judicial impondrá a las personas responsables de los delitos comprendidos en el presente título, sin perjuicio de las penas que correspondan con arreglo a los artículos precedentes, una pena de inhabilitación especial para cualquier profesión, oficio o actividades, sean o no retribuidos, que conlleve contacto regular y directo con personas menores de edad, por un tiempo superior entre cinco y veinte años al de la duración de la pena de privación de libertad impuesta en la sentencia si el delito fuera grave, y entre dos y veinte años si fuera menos grave, en ambos casos se atenderá proporcionalmente a la gravedad del delito, el número de los delitos cometidos y a las circunstancias que concurran en la persona condenada".

Hacemos mención a este número del precepto redactado por el apartado veinticinco de la disposición final sexta de la L.O. 8/2021, de 4 de junio, de protección integral a la infancia y la adolescencia frente a la violencia, si bien tuvo su origen en la reforma operada por L.O. 1/2015, porque vino a cubrir un vacío legal cuya cobertura se reivindicaba por jueces y fiscales. No se encontraba un marco legal para imponer una pena de este tipo y resultaba de todo punto imprescindible. No podía entenderse por la sociedad que una persona fuera condenada por un delito de corrupción de menores y, tras obtener los beneficios de la suspensión de la ejecución de la pena privativa de libertad o tras cumplir una pena breve de prisión, pudiera dedicarse, por ejemplo, al cuidado de niños o personas con discapacidad.

Además, la imposición de la pena es obligatoria para el tribunal: "se les impondrá, en todo caso". Requisito imprescindible, por mor del principio acusatorio, es que alguna de las acusaciones recoja en sus conclusiones definitivas la petición de esta pena.

El fundamento de tal pena no puede ser otro que el hecho de intentar paliar la reiteración delictiva y proteger a las víctimas.

Una cuestión práctica que se plantea es el control del cumplimiento de esta pena. Cómo se controla que el condenado no desempeña una labor como de las prohibidas ¿Cómo puede saber quien contrata a una persona para desempeñar un trabajo, por ejemplo, en una guardería de su propiedad, que pesa sobre él esa prohibición?

Para ello se creó por el RD 1110/2015, de 11 de diciembre, el Registro Central de Delincuentes Sexuales. Registro que se integra en el sistema de registros administrativos de apoyo a la Administración de Justicia, en el que se incluyen los datos relativos a la identidad y perfil genético (ADN) de las personas condenadas mediante sentencia firme por los delitos contra la libertad e indemnidad sexuales y trata de seres humanos con fines de explotación sexual, incluida la pornografía, con independencia de la edad de la víctima.

El Registro se alimenta de la información existente en el Registro Central de Penados y en el de Sentencias de Responsabilidad Penal de los Menores, por lo que los órganos judiciales no tienen que realizar ninguna inscripción añadida.

Y cualquier persona puede solicitar al Ministerio de Justica un certificado de delitos de naturaleza sexual para trabajar habitualmente con menores de edad. La certificación es gratuita y el certificado que se expide permite acreditar la carencia de delitos de naturaleza sexual o, en su caso, la existencia de estos.

Las personas encargadas de seleccionar a quienes deban ocupar dichos trabajos solicitarán de los candidatos dicho certificado.

VI.4. EL ARTÍCULO 194 DEL CÓDIGO PENAL

> "En los supuestos tipificados en los Capítulos IV y V de este Título, cuando en la realización de los actos se utilizaren establecimientos o locales, abiertos o no al público, se decretará en la sentencia condenatoria su clausura definitiva. La clausura podrá adoptarse también con carácter cautelar".

Debemos resaltar la obligatoriedad de imponer como pena la clausura definitiva de aquellos locales o establecimientos que se hayan utilizado para la comisión de los delitos a que se refiere (entre ellos el que nos ocupa). Y de otro, la posibilidad de adoptar la clausura definitiva como medida cautelar, introduciendo, de este modo, una norma procesal en un precepto sustantivo.

VII. Conclusiones

I) Como se ha puesto de manifiesto en la práctica, los centros de producción de pornografía infantil se han ido desplazando hacia países donde no aparezcan expresamente tipificadas estas conductas o donde se encuentren penadas de forma más benévola, empleando medios para que resulte ineficaz o más complicada su persecución. La falta de colaboración en el ámbito internacional sigue siendo uno de los mayores problemas con los que los órganos judiciales se encuentran en la investigación de esta clase de delitos. Aunque se haya mejorado mucho en la cooperación penal a nivel internacional y en el ámbito de la Unión Europea, sigue siendo un obstáculo importante la persecución transnacional de los delitos, entre ellos, el de corrupción de menores.

Debemos destacar el Convenio sobre la Ciberdelincuencia, firmado en Budapest el 23 de noviembre de 2001 y ratificado por España el 1 de octubre de 2010, que ha supuesto un gran avance en la cooperación internacional en esta clase de delitos.

II) A mi entender el art. 189.1 a) del Código Penal tendría como bien jurídico protegido principal la indemnidad sexual de los menores y personas con discapacidad necesitadas de especial protección. Hay que tener en cuenta que en la mayor parte de los procedimientos que se siguen ante los Tribunales por este delito nos encontramos con vídeos, archivos, fotografías en los que, en muchas ocasiones los menores son bebés o niños de 2, 3, 4 años por lo que no parece adecuado hablar de libertad sexual con relación a estos sujetos pasivos, si bien la L.O. 10/2022, de 6 de septiembre (Ley Orgánica de garantía integral de la libertad sexual) modificó la rúbrica del Título VIII del Código Penal por la de “Delitos contra la libertad sexual”, frente a la anterior de “Delitos contra la libertad e indemnidad sexual”. Lo que se ha mantenido en iguales términos en la reforma operada por L.O. 4/2023, de 27 de abril, para la modificación de los delitos contra la libertad sexual.

Para ejercitar la libertad sexual hay que tener la capacidad intelectiva necesaria para discernir lo que es adecuado para un desarrollo normal de la sexualidad. Los ataques a menores como los antes referidos no pueden considerarse ataques a su libertad sexual, que como es lógico, todavía no la pueden ejercitar ni se encuentra plenamente formada. El ataque se produce a su formación sexual, a su desarrollo en unos parámetros de normalidad en los que no resulta tolerable la injerencia negativa de terceros.

Por ello entendemos que la indemnidad sexual es el bien jurídico primordial protegido en este tipo delictivo.

Pero luego, según la conducta concreta tipificada, podría entrar en juego algún otro bien jurídico según la edad del sujeto pasivo. Hay que tener en cuenta que el menor puede tener hasta 17 años. A mi parecer, cuando el sujeto pasivo tenga 16 o 17 años el bien jurídico protegido sería la libertad sexual. A esta edad considero que la facultad decisoria del menor en este ámbito se encuentra con la suficiente madurez, pero su formación no se ha completado.

III) Esta figura penal admite de forma exclusiva la comisión dolosa, sin que esté prevista su perpetración imprudente. El autor deberá conocer los elementos objetivos del hecho delictivo, la significación antijurídica de la acción y el resultado de la acción (elemento intelectivo) y tener la voluntad de ejecutar la acción (elemento volitivo).

> "El que captare o utilizare a menores de edad o a personas con discapacidad necesitadas de especial protección con fines o en espectáculos exhibicionistas o pornográficos, tanto públicos como privados, o para elaborar cualquier clase de material pornográfico, cualquiera que sea su soporte, o financiare cualquiera de estas actividades o se lucrare con ellas".

Es decir, el autor deberá captar o utilizar a menores de edad o a personas con discapacidad necesitadas de especial protección (teniendo conocimiento de que lo son) con fines o en espectáculos exhibicionistas o pornográficos, tanto públicos como privados (con la concurrencia de ese elemento "tendencial" y con conocimiento de que esos espectáculos son exhibicionistas o pornográficos) o financiare o se lucrare con esas actividades (con conocimiento del contenido de las mismas).

IV) En materia de concursos, la captación o utilización de los menores con fines pornográficos irá acompañada, casi en todos los casos, de otros delitos contra la libertad sexual. Sobre todo, delito de agresión sexual a menores de dieciséis años.

V). Pseudopornografía infantil. Asumimos por, a nuestro parecer, muy acertada la solución adoptada por la Circular 2/2015 de la Fiscalía General del Estado que establece: "Tras la reforma operada por 1/2015 se suprime formalmente el tipo de pseudopornografía infantil. Sin embargo, ello no supone la sobrevenida atipicidad de estas conductas, pues eventualmente podrán castigarse como pornografía infantil virtual o técnica. Si se tipifican estas subespecies de pornografía, que no representan a menores reales, con más razón cabrá poder reaccionar contra la pseudo pornografía infantil, en la que se abusa de la imagen de un menor real. Ya el informe del Consejo Fiscal de 8 de enero de 2013 se pronunciaba en el sentido de que entender que "su supresión obedece a que tal material pornográfico debe reconducirse ahora a los supuestos de pornografía virtual que el Anteproyecto considera material pornográfico infantil relevante penalmente. En todo caso, para poder considerar penalmente trascendente este tipo de material, será necesario, como en el caso de la pornografía virtual, que sea realista, que trate de aproximarse a la realidad, quedando excluidos del concepto de pornografía infantil los materiales que por su tosquedad revelen su condición de montaje".

VI) Respecto a la conducta de "captación", mi opinión es que la misma precisa de aceptación por parte del menor o de la persona con discapacidad necesitada de especial protección, sin necesidad de su participación final en los fines previstos en la norma penal. En ese momento quedaría el delito consumado. Ahora bien, si el menor o la persona con discapacidad rehusaren el ofrecimiento nos encontraríamos, en mi opinión, en una tentativa de este delito. Si una misma persona capta y después utiliza a un menor o persona con discapacidad cometería un solo delito. En redes criminales organizadas, puede haber reparto de funciones, unas personas se dedican a la captación y otras a la utilización, en ese caso, cada una de ellas respondería de un delito del art. 189.1 a) del Código Penal.

VII). La "utilización", entiendo, debe interpretarse otorgando "un papel relevante al menor" en las conductas que describe el tipo. Entendemos que debe referirse a la participación del menor o persona con discapacidad en el comportamiento sexual. Como señala la Circular 2/2015 no serán subsumibles en este tipo penal el desempeño por el menor de tareas subalternas como pudieran ser las de vendedor de entradas, camarero, etc. El verbo típico «utilizar» implica que el sujeto activo somete al menor/discapacitado a su plan de actuación, de modo que o bien el sujeto pasivo carece de capacidad para resistirse o formular una posición propia, o se encuentra en una situación de ausencia de libertad determinada por la edad o por algún mecanismo de control por parte del autor (SAP Albacete de 1 de junio de 2018).

VIII) Con relación a la "elaboración" es importante señalar que, a la vista del bien jurídico protegido en este apartado, existirán tantos delitos de elaboración de material pornográfico como menores o personas con discapacidad hubiesen sido empleados (SSTS nº264/2012, de 3 de abril, 803/2010, de 30 de septiembre y 947/2009, de 2 de octubre).

IX) Entiendo que debe optarse por una interpretación restrictiva del término "financiación" y que el precepto se refiere a las colaboraciones pecuniarias en este tipo de actividades. En todo caso, la conducta de cesión de un local o, por ejemplo, la entrega del material necesario para elaborar producto pornográfico puede ser castigado como una cooperación necesaria o como una complicidad en este delito. De hecho, entiendo que esta conducta es una forma de participación, normalmente de cooperación necesaria, que el legislador ha querido castigar de forma autónoma.

X) Uno de los principios básicos en la investigación de los delitos previstos en el art. 189 del Código Penal es que cada uno de los denunciados en un mismo atestado policial puede tramitarse en causa judicial independiente. Se trata de simplificar los procedimientos para obtener mayor celeridad. Además, es más cómodo para la práctica de diligencias procesales: en el lugar de residencia del autor se practicará normalmente la diligencia de entrada y registro, se tendrá que intervenir y extraer la información de los dispositivos electrónicos y deberá recibirse declaración judicial al citado. Salvo casos excepcionales, la tramitación de un procedimiento no afecta al resto. Si varias personas se han intercambiado pornografía infantil no hay problema para que para cada uno de ellos se tramite un procedimiento diferente en los términos que hemos indicado. Lo mismo sucedería si en un atestado policial se recogiera varias personas que se dedicaran a la elaboración de material pornográfico que después colgaran en alguna página web. Otra cuestión sería si se infiriese la posible existencia de una organización o grupo criminal lo que exigiría su tramitación conjunta.

XI) Uno de los objetivos más relevantes que se intenta conseguir cuando nos encontramos frente a este delito es que desaparezca de internet todo rastro de los vídeos o de las imágenes en las que ha existido actos de corrupción de menores. Hay que evitar la victimización de los menores de edad o personas necesitadas de especial protección.

No es una tarea fácil, en la mayoría de las ocasiones es muy difícil eliminar de la red todos los vídeos o imágenes en cuestión, pero sin duda es una labor prioritaria. Para ello, es esencial este precepto que recoge el número 8 del artículo 189 del Código Penal (retirada de páginas web).

Es llamativo que, como establece el precepto, la medida tenga que ser solicitada por el Ministerio Fiscal, es decir, que parece que cercena la posibilidad a que sea adoptada de oficio por el órgano judicial o que lo solicite otra acusación que no sea la del Ministerio Público.

En todo caso, la celeridad en su solicitud y adopción devienen fundamentales para restaurar el quebranto producido en la intimidad de los menores o personas necesitadas de especial protección.

XII) En principio, la pedofilia no debe atenuar la responsabilidad del autor en tanto que el sujeto es libre de actuar puesto que no se produce, con carácter general, una merma en sus facultades intelectiva o volitiva. Solo en aquellos casos en que venga afecta a una anomalía o trastorno específico podría tener efecto atenuante. En ese caso su capacidad de atenuación vendrá unida a la de la enfermedad o anomalía psíquica que padezca el autor del delito.

VIII. Bibliografía

AGUADO, S., *El delito de corrupción de menores (art. 189.3 CP)*. Tirant lo Blanch. Valencia. 2003.

AGUADO, S., *Derecho Penal, Parte Especial, Volumen I,* Obra dirigida por Javier Boix, Iustel, 2016.

BEGUÉ LEZAÚN, J.J., *Delitos contra la libertad e indemnidad sexuales*. Bosch. Barcelona. 1999.

BORGES BLÁZQUEZ, R., *La prueba electrónica en el proceso penal y el valor probatorio de conversaciones mantenidas utilizando programas de mensajería instantánea.* Rev. Boliv. de Derecho N° 25, enero 2018, ISSN: 2070-8157.

CABEDO, F., AGUADO, S., ORTIZ, J.F., *Fraude Electrónico: Entidades Financieras y Usuarios de Banca.* Thomson Reuters. Pamplona. 2011.

COBO DEL ROSAL, M., QUINTANAR DÍEZ, M., *De los delitos relativos a la prostitución y la corrupción de menores,* en Cobo del Rosal, Comentarios al Código Penal, Tomo VI. Madrid. 1999.

CONDE-PUMPIDO TOURÓN, C., *Delitos de Prostitución. Especial referencia a la prostitución de menores.* Estudios de Derecho Judicial, Delitos contra la libertad sexual. Madrid, 2000.

CORTEZAO DE VASCONCELOS, L.C., *Los delitos de prostitución y corrupción de menores. Especial consideración a la reforma del Código Penal de 2015.* Universidad de Valladolid.

DE LA ROSA CORTINA, J.M., *Bien jurídico protegido y delitos contra la libertad e indemnidad sexual.* Artículo doctrinal escrito con motivo del Proyecto de Ley Orgánica de 20 de septiembre de 2013. Disponible en la página web *fiscal.es*

DE LA ROSA CORTINA, J.M., *Los delitos de pornografía infantil: aspectos penales, procesales y criminológicos.* Tirant lo Blanch. 2011.

DIEZ RIPOLLÉS, J.L., *El objeto de protección del nuevo Derecho Penal sexual.* Anuario de Derecho Penal n°1999. 2000.

ESCOBAR R., *Análisis de los delitos de pornografía infantil (Comentarios, Jurisprudencia y Reforma venidera).* Ponencia del Fiscal del Tribunal Supremo disponible en la siguiente página <https://www.fiscal.es/fiscal/PA_WebApp_SGNTJ_NFIS/descarga/Ponencia_Rafael%20Escobar%20Jimenez.

FERNÁNDEZ DE OLALLA, P., *Delitos relativos a la prostitución y su relación con la trata de seres humanos.* Fiscal adscrita al Fiscal de Sala de Extranjería. 2015.

GARCÍA GONZÁLEZ, J., *Ciberacoso: la tutela penal de la intimidad, la integridad y la libertad sexual en internet.* Tirant Monografías. Valencia 2010.

GÓMEZ TOMILLO, M., *Comentarios prácticos al Código Penal. Tomo II. Los delitos contra las personas. Artículos 138-233.* Thomson Reuters Aranzadi. 2015.

GONZÁLEZ CUSSAC, J.L., ORTS BERENGUER, E., *Compendio de Derecho Penal, Parte General.* 10ª edición. Tirant lo Blanch. Valencia. 2023.

GONZÁLEZ CUSSAC, J.L., Y OTROS., *Derecho Penal, Parte Especial.* 8ª edición. Tirant lo Blanch. Valencia. 2023.

HINOJOSA SEGOVIA, R., *La diligencia de entrada y registro en lugar cerrado en el proceso penal.* Madrid. 1996.

JESCHECK, *"La reforma del Derecho penal alemán. Fundamentos, métodos y resultados".* ADPCP. 1972.

LÓPEZ BARJA DE QUIROGA, "La interceptación de las comunicaciones: jurisprudencia del Tribunal Supremo" en *Tratado de Derecho Procesal Penal.* Editorial Aranzadi. 2009.

MARCHENA GÓMEZ, M., *Los delitos contra la libertad sexual en la reforma del Código penal (Ley Orgánica 3/1989).* Diario La Ley. 1990.

MIMBRERA TORRES, E., *Delitos contra la libertad e indemnidad sexuales,* en Cruz de Pablos, *Comentarios al Código Penal.* 2008

MORALES PRATS, F., y GARCÍA ALBERO, R., *Delitos contra la libertad e indemnidad sexual,* en Quintero Olivares, Comentarios al Nuevo Código Penal. Navarra. 2004.

MORALES PRATS, F., *Pornografía infantil e internet.* Jornadas de responsabilidad civil y penal de los prestadores de servicios en Internet. Barcelona 22-23 noviembre de 2001.

MORILLAS FERNÁNDEZ, D.L., *Ciberacoso: la tutela penal de la intimidad, la integridad y la libertad sexual en internet.* Tirant Monografías. Valencia. 2010.

MORILLAS FERNÁNDEZ, D.L., *Análisis dogmático y criminológico de los delitos de pornografía infantil.* Dykinson S.L. Madrid. 2005.

ORTELLS RAMOS, M.; MONTERO AROCA, J.; GOMEZ COLOMER, J.L.; MONTÓN REDONDO, A.: *Derecho Jurisdiccional III. Proceso Penal.* Barcelona. 1994.

ORTS BERENGUER, E., *Comentarios a la Reforma del Código Penal de 2015*, Obra dirigida por González Cussac, J.L. Tirant lo Blanch. 2015.

ORTS BERENGUER, E. y ROIG TORRES, M., *Delitos informáticos y delitos cometidos a través de la informática.* Tirant lo Blanch. 2001.

ORTS BERENGUER, E., *Abusos sexuales, exhibicionismo y corrupción de menores en el código penal y en el proyecto de 2013,* Ponencia impartida en un curso de formación a la Carrera Fiscal. Madrid.

OXMAN, N., *Aspectos político-criminales y criminológicos de la criminalización de la posesión de pornografía infantil en Estados Unidos de Norteamérica.* Polít. crim. vol.6 no.12. Santiago. 2011.

RAMON RIBAS, E., "*Los delitos de abusos sexuales a menores*". Tirant lo Blanch. 2009.

RUBIO EIRE, J.V., *Las atenuantes por analogía: doctrina y supuestos concretos de aplicación,* artículo publicado en El Derecho. com el 9 de junio de 2014.

RUIZ BOSCH, M., *Organizaciones y grupos criminales.* Artículo publicado en la página web noticias jurídicas, y consultado el 10 de febrero de 2019.

TAMARIT SUMALLA, J.M., *La protección penal del menor frente al abuso y la explotación sexual. Análisis de las reformas penales en materia de abusos sexuales, prostitución y corrupción de menores.* Navarra. 2002.

VALVERDE MEGÍAS, R., *Child grooming. Concepto y respuesta penal.* Ponencia impartida en un curso de formación continuada para Fiscales.